Hans Kammerlander

Unten und oben

Hans Kammerlander

und Ingrid Beikircher

Unten und oben

Berggeschichten

Mit zwölf Illustrationen
von Raimund Prinoth
und einer Abbildung

MALIK

ISBN 3-89029-236-4

Satz: EDV-Fotosatz Huber/
Verlagsservice G. Pfeifer, Germering
Druck und Bindung: Ebner & Spiegel, Ulm
Printed in Germany

www.malik.de

Inhalt

Vorwort

Humor ist der Versuch,
sich selbst nicht ununterbrochen
wichtig zu nehmen.
Ernst Kreuder

Unten und Oben – etwas Leichtes, Heiteres, etwas zum Schmunzeln. Es gibt zahlreiche Bergbücher, fast so viele wie Berge selbst, in denen Rekorde, Leistungen oder Tragödien beschrieben sind. Aber das Heitere beim Steigen findet anscheinend nicht statt oder wird selten erwähnt.

Freude am Berg bedeutet, unterwegs zu sein mit Freunden, allein auf dem Weg eine wetterzerzauste Anemone bewundern zu können oder den oben am Gipfel kreisenden Dohlen die Gedanken mitzuschicken in den freien Himmel hinaus.

Und das ganze Drumherum: Pleiten, Pech und Pannen, eingepackt in ein Paket Riesenglück mit roter Schleife. Die Fröhlichkeit mit Freunden am Gipfel, oder der Genuß bei Solotouren, sind Augenblicke, die süchtig machen. Die Schwierigkeit der Route zählt nicht unbedingt, obwohl ich auch diese brauche und suche. Aber das Erlebnis Berg ist selten Arbeit, sondern meistens Vergnügen.

Auch schweren Stunden bin ich begegnet, oben am Berg, wie unten im Tal. Momente, die mir zeigten, was wesentlich ist und daß Geld und Karriere keine Bedeutung haben.

Ein kleines, aber intensives Stück Glück oben in den Bergen. Das ist es. Der Weg dorthin ist Schweiß, ist Fels, ist Eis, übersät mit Stolpersteinen und Glücksperlen.

Meine Jugendzeit war heiter, obwohl unser kleiner Bergbauernhof oft nur das Nötigste zum Leben hergab. Aus dieser Zeit stammen sehr viele lustige Geschichten, und ich erzähle sie gerne, auch wenn es zum Teil keine reinen Berggeschichten sind. Sie sind mein Leben und haben mich geprägt. Gerne gebe ich meine Schwächen und meine Fehler zu. Ich habe daraus gelernt – oder auch nicht, und ich erzähle sie, weil ich darüber lachen kann. Am meisten über mich selbst.

Danken möchte ich Ingrid Beikircher, die die Episoden aufschrieb und sammelte, und allen meinen Freunden, die mithalfen, fast schon vergessene Erlebnisse wieder aufzustöbern.

Das Buch widme ich dem Volk der Sherpas, das mich über viele Wege begleitete und mir Fröhlichkeit und Freundlichkeit schenkte, und meiner Frau Brigitte.

Ahornach, im März 2002 *Hans Kammerlander*

Hans Kammerlander kenne ich seit über einem Vierteljahrhundert. Es waren meine aufregendsten Stunden, seinen Erzählungen und denen seiner Freunde und Bergpartner zuzuhören und ihre Abenteuer nachzuerleben.

Nicht von Gipfelerlebnissen schwärmten sie am meisten, sondern von den vielen kleinen und unscheinbaren Begebenheiten, gerade sie blieben ihnen am intensivsten in Erinnerung. Die großen Leistungen waren gar nicht so wichtig, um so vergnüglicher aber die vielen Erlebnisse am Weg zum Berg und unten im Tal.

Über die Jahre habe ich ihre Erzählungen niedergeschrieben, daraus ist jetzt ein Buch geworden.

Sand in Taufers, im März 2002 *Ingrid Beikircher*

Seilsalat und die richtige Dosis Adrenalin

Die ersten Zinnen

Jung waren wir und felshungrig bis in den kleinen Zeh. Die Drei Zinnen waren ein Muß für »Experten« wie uns. Ein Bekannter riet, wir sollten zur Auronzo-Hütte, ab dort seien die Zinnen nicht mehr weit.

So fuhren Erich und ich abends los, um am Morgen die ersten am Einstieg zu sein. Wir kauerten uns in ein Felsloch nahe der Hütte, eine feudalere Unterkunft konnten wir uns nicht leisten. Während ich mir noch den Rest der Nacht aus den Augen rieb, meinte Erich – es dämmerte gerade –, wir seien falsch. Hier seien die Zinnen nicht. Auf den Ansichtskarten sähen die ganz anders aus. Und er hatte recht. Wo um alles in der Welt waren die Zinnen? Wo wir?

Mächtigen Schrittes, aber mit einer Einfalt im Kopf, die schon fast weh tat, fragten wir an der Hütte, wo denn die Drei Zinnen seien und wie wir dorthin gelangen würden.

»Es ist nicht mehr weit, ihr müßt nur suchen«, war die trockene und einzige Antwort des Wirtes. Verärgert war er und fühlte sich durch unsere Fragerei gepflanzt – die Zinnen standen ja direkt vor unserer Nase, in der Südansicht freilich, die wir »Experten« zuvor nie gesehen hatten.

Den halben Tag irrten wir umher, aber fanden die Zinnen nicht, zumindest nicht so, wie wir sie uns eingebildet

hatten. Enttäuscht und unverrichteter Dinge fuhren wir wieder nach Hause.

Beim zweiten Anlauf versuchten wir es von der anderen Seite.

Paul lieh Vaters Geschäftslieferwagen, Erich und Hubert saßen hinten im Laderaum zwischen Speckseiten und Würsten. In Sexten fragten wir uns zu den Drei Zinnen durch. Das Fischleintal sei Ausgangspunkt zur Dreizinnenhütte und diesmal waren wir richtig! Von der Hütte aus sahen wir sie endlich, die riesigen Pyramiden aus Fels. Ein Traum. Fassungsloses Staunen, als ob alle sieben Weltwunder auf einmal vor uns stünden, das war unser erster, unvergeßlicher Eindruck.

Zum Einstieg der Dibona-Kante an der Großen Zinne rannten wir um die Wette, entfesselt, übermütig und ungestüm. Die Kante bereitete uns keine Probleme. Vom Gipfel aus sahen wir die nahe Auronzo-Hütte wieder, der Wirt hatte also doch recht, nur wir waren die blinden Hühner.

Klettersüchtig und felsbrünstig wie ich war, stieg ich die ganze Route allein und ungesichert wieder hinab. Meine drei Freunde hatten etwas größere Probleme – nicht technisch, doch logistisch. Da standen sie nun auf dem höchsten Punkt der Großen Zinne und wollten den Normalweg zurück – nur, wo war der? Zum Glück kam gerade ein Mann auf den Gipfel, laut Huberts Einschätzung konnte dies nur ein »Normalwegler« sein. Den »Einfädler« zum Abstieg hatten sie also, aber fänden sie auch den Weiterweg?

Mit gesenkten Augen und Zeigefinger im Mundwinkel traute sich Hubert als einziger, den Mann anzusprechen (schönes Wetter heute und so ...). Paul und Erich standen errötend daneben, Folge einer Mischung aus Sich-in-Grund-und-Boden-Schämen und Wir-werden-doch-nicht-einen-Touristen-fragen-müssen-Ärger.

»Mein lieber Junge«, erhielt Hubert zur Antwort, »ich laß mich von dir nicht auf den Arm nehmen.« (Warum bloß glauben an den Zinnen alle, sie würden von uns gepflanzt, war unsere Notlage doch immer bitterernst?) »Du kannst mir doch nicht erzählen, daß ihr nicht auch den Normalweg hoch seid, oder hattet ihr Flügel?«

»Äh, nein, das nicht, aber ... «, Hubert kleinlaut, »wir haben die Dibona-Kante gemacht und wissen nicht ... «

»Die Dibona-Kante ? Ihr doch nicht ! «

»Bestimmt, ganz ehrlich ... « (Huberts Stimme immer betrübter.)

Er hatte ein gutes Herz, der Tourist, nahm seinen Alpenvereinsführer aus dem Rucksack, riß die Seite mit der Zinnenroute heraus und drückte sie Hubert in die Hand.

»Kann einer von euch überhaupt Routen lesen ? « meinte er skeptisch.

»Oh ja, gewiss ! « (Alle drei im Chor.) In Wirklichkeit hatte keiner je so etwas gesehen.

»Ihr braucht nur das Blatt auf den Kopf zu stellen und die Route rückwärts zu lesen «, riet der Tourist mit den besten Wünschen.

Stolz übernahm Hubert das Kommando, die anderen zwei liefen ihm hinterher wie die Lemminge in den Abgrund – davor standen sie nämlich auch schon ...

Irgendwie sehr kompliziert sei die Zeichnung, merkwürdig und womöglich gar falsch – was half da Huberts Ausrede noch ?

Es wurde eine der wildesten Abseilaktionen der Alpingeschichte. Durch Schluchten, über Bänder, durch Kamine und Überhänge. Eine teure obendrein, mußten doch viele neu geschlagene Felsnägel zurückgelassen werden, um überhaupt ans Ziel zu gelangen. Ein Riesenloch in der Haushaltskasse der Lehrlinge, die sie alle waren.

Für mich war die Schicht günstiger, ein Bierchen halt, bis die Drei Muske(l)tiere die Zinnenhütte betraten. Etliche Gläser noch dazu, und die allgemeine Stimmung war perfekt. Leicht angesäuselt wackelten wir zum Auto zurück ins Fischleintal, und ab ging die Post Richtung Heimat.

Was sollten denn zwei von uns wieder nach hinten in den Bunker des Lieferwagens? Besser alle zusammen nach vorne, zu viert auf den Doppelsitz, eng, gemütlich und feuchtfröhlich!

Wir sahen sie von weitem, die Polizeistreife.

»Duckt euch, Köpfe einziehen und auf den Boden!« Paul blieb pfeifend hinterm Steuer.

Rote Kelle gezückt und rechts an den Straßenrand, hieß der Befehl der Obrigkeit. Fahrzeugkontrolle und alle Mann aussteigen, war der folgende Spruch aus der Kommandozentrale.

25.000 Lire lautete die gesalzene Strafe, für uns damals ein halber Monatslohn. Laut Paragraph soundso wegen Überbevölkerung des Fahrzeugs oder so ähnlich – der Wagen war nur für 2 Personen zugelassen.

Kein Dackelblick, kein Betteln um Strafminderung half, obwohl wir versprachen, es auch bestimmt nie wieder zu tun.

»Seid froh, daß Ihr nicht mehr zahlen müßt«, brummte der Oberstaatsbefehlshaber und zwinkerte mit den Augen, »vielleicht habt ihr die Speckseiten im Laderaum gar gestohlen!?«

Meinte er die Drohung ernst, oder hat er uns nur auf den Arm genommen? – Wäre ja nichts Neues auf einer Zinnentour ...

Seilige Einfaltigkeit

Mein erstes Jahr als Bergführer: Stolz ist der falsche Ausdruck, aber Sicherheit und Selbstbewußtsein verspürte ich schon, seitdem ich das Diplom in der Tasche hatte. Mit Freunden teste ich oft Touren, ob sie geeignet für Gästeführungen sind, und so klettern Erich und ich am Tofana-Pfeiler: interessante, feine Kraxelei. Nach einigen Seillängen sehe ich abseits unserer Route unter einem Felsdach ein Seil hängen, wohl zurückgeblieben nach einer überstürzten Abbruchaktion.

»Wart einen Augenblick«, rufe ich zu Erich, »bin gleich wieder da, ich hol mir nur schnell das Seil da drüben.«

»Hm ...«, Erich nachdenklich, »wenn sich's rentiert?«

Während Erich am Stand zurückbleibt, klinke ich mich aus und zaubere in Richtung Seil. Sehr schwieriges Gelände, verteufelt blöde Querung! Verdammt buxig die Stelle, mindestens im oberen sechsten Schwierigkeitsgrad. Denke ich mir. War schon lange nicht mehr so kühn unterwegs, und das alles frei und ungesichert. Lohnt es sich überhaupt? Gewiß, wenn man weiß, was ein Seil heute kostet!

Die Beute steif wie eine Bambusstange, durch Sonne und Regen ausgehärtet, die Farbe undefinierbar verblaßt.

Erich betrachtete das Seil ziemlich skeptisch, meinte zweifelnd: »Glaubst du wirklich, das alte Stück ...?«

Unwirsch fiel ich ihm ins Wort: »Schön ist es nicht, aber für leichte Touren wie geschaffen!«

Aber was waren die »leichten« Touren? Ich jedenfalls war mächtig stolz auf meine kostbare Errungenschaft und führte damit einen ganzen Sommer lang Gäste.

Herbst war's schließlich, als Udo mich fragte, wie teuer so ein Seil denn sei, und kam auf den Punkt: Ob ich mir nicht doch ein neues zulegen wollte. Etwas sehr zerfranst und aufgescheuert sei der Außenmantel, gerade vertrauenserweckend sähe der Strick nicht mehr aus ...

Seilige Zweifaltigkeit

Habe daraufhin ein neues Seil gekauft.

Das Preisschild hing fast noch dran, es roch nach neu, nach Laden. Ein besonders teures, 60 Meter langes, extrem leichtes, bombig starkes Superseil. Sein Debüt: die Königsspitze-Nordwand.

Nach geglückter Durchsteigung kramen Werner und ich am Gipfel unsere Ausrüstung zusammen. Ich nehme den Helm ab, sortiere die Eisschrauben, werfe das Seil zur Seite – denk mir, Werner hält es fest. Werner nimmt den Helm ab, sortiert die Eisschrauben, wirft das Seil zur Seite – denkt sich, Hans hält es fest.

Der Irrtum ist die tiefste Form der Erfahrung: »Ssssss-summm« machte das Seil und war weg wie eine Schlange! Per Direttissima die Nordwand hinab. Wir schauten uns an wie begossene Pudel. Ehe wir überhaupt merkten, was geschah, war das neue Seil schon abgeschwirrt, danach zu greifen, hätte sowieso nichts genützt.

Wenige Tage später fuhr ich eigens wieder nach Sulden, klapperte die über 400 Kilometer hin und retour mit meiner Rostlaube herunter. Ich war mir sicher, am Einstieg der Königsspitze-Nordwand läge noch mein Seil. Fatalerweise war inzwischen eine Eislawine heruntergedonnert, begrub Hoffnung und Seil und Missverständnis. Und ich kam zurück mit leerem Tank und ebensolchem Geldbeutel.

Seilige Dreifaltigkeit

Habe daraufhin ein neues Seil gekauft.

An den Cinque Torri bin ich unterwegs mit einem Herrn Pfarrer. Eine sakramentalische Taufe erlebt mein Seil, sein erster Einsatz gleich unter heiliger Hand – wenn das kein Segen ist? Die erste Tour war gerade richtig zum Einklettern, eine kleine, feine Genußkraxelei. Von einem Gipfel aus betrachten wir schon die nächste Spitze der Fünf Türme, die wir noch besteigen wollen an diesem herrlichen, sonnigen Tag.

Wir seilen ab vom Gipfel und ziehen das Seil ein, als ein riesiger Felsbrocken zehn Zentimeter an meiner Schulter vorbei zu Boden donnert, genau auf das neben mir liegende Seil.

Seine scharfe Kante amputiert meine neueste Anschaffung wie ein Messerschnitt.

Heilige Dreifaltigkeit!?

Gemeine Freuden

Diebische Freude bereitete es uns jedes Mal, wenn wir an Seilschaften so schnell vorbeirauschten, daß die nicht einmal mehr die Schuhmarke unserer Kletterpatschen lesen konnten. Bald aber wurde ich davon geheilt.

Wie gierige Wölfe stiegen Hubert und ich in die Abram-Führe am Piz Ciavazes ein. Kurz vor uns war wieder Beute, die wir bald eingeholt haben wollten.

Hubert führte die erste Seillänge, aber irgendwie wurde ich ungeduldig. So wechselten wir am Standplatz und die zweite Seillänge kletterte ich im Vorstieg. Doch auch mir gelang es nicht, unsere zwei Vorgänger zu erreichen. Der Abstand zwischen den Seilschaften blieb immer ungefähr derselbe, obwohl ich viel riskierte, um Zeit herauszuschinden. Auch die weiteren Seillängen kletterte, vielmehr rannte ich voraus. Schön langsam ging es mir um die Ehre. Die Schlüsselstelle lag vor uns, ein flotter Sechser. Spätestens dort, dachte ich, trennt sich die Spreu vom Weizen.

Doch erst weit danach holten wir die Seilschaft endlich ein, und ausgepumpt und schnaufend erreichte ich ihren Standplatz. Die Zwei sahen nicht einmal abgekämpft aus! Seelenruhig legten sie eine Pause ein und genossen den Tag und bewunderten die Landschaft. Sie hatten sich nicht auf das vermeintliche Wettrennen eingelassen, nur wir hatten unser Letztes gegeben. Ich könne gerne vorgehen, meinte freundlich deren Vorsteiger und – zu meinem Schrecken – es war eine Frau!

Kletterpatschen

Die Heidi-Route zur Neunerspitze ist die Wunschtour meiner Gäste.

Abgeschliffen wie mit einem Riesenhobel präsentiert sich die südseitige Plattenwand des Berges. Ihr glatter, abweisender Anblick läßt sie unüberwindbar erscheinen.

Eine abwechslungsreiche Wanderung auf dem Hochplateau der Fanesalm führt uns wie durch eine bizarre Zauberwelt zum Einstieg, wo sich stets dasselbe Ritual vollzieht: Gurt anlegen, Helm aufsetzen, das ungeduldige Hineinschlüpfen in die Kletterpatschen. Es sei denn, etwas Unvorhergesehenes zerstört jäh die feierliche Zeremonie. Den Rucksack habe ich ausgeschüttelt, sämtlichen Inhalt umgekrempelt und durchwühlt, mit dem ernüchternden Ergebnis: Die Kletterpatschen fehlten, hab' sie im Auto liegen lassen.

Ein mittleres Drama bahnte sich an, fassungslos kniete ich am Wandfuß. Leichte Touren bin ich spaßeshalber oft in Sportschuhen geklettert, an den Neunerplatten aber sind Kletterpatschen unerläßlich, da reine Reibungsklettertechnik gefordert ist.

Meine Gäste, ein Ehepaar, waren zu sehr mit sich und ihrer Ausrüstung beschäftigt, als daß sie meine Notlage mitbekommen hätten, und strahlten nun startbereit in voller Montur. Es wäre wie Geburtstag ohne Torte gewesen, hätte ich ihnen eröffnen müssen, daß aus der Tour nichts mehr wird.

Wenigstens versuchen mußte ich es, mit den Sportschuhen ein paar Seillängen zu klettern. Vielleicht käme dann eh ein Gewitter und wir müßten abseilen, vielleicht ein Kometeneinschlag, vielleicht ein Drache ...

Die ersten Seillängen gingen verhältnismäßig gut. Grün und blau indes ärgerte ich mich über meine Schlampigkeit, wie konnte mir das passieren, nach all den Jahren! Jugendsünden haben wir einige verzapft, meine Freunde und ich, früher als wir noch unerfahren waren, Werner vergaß seine Gletscherschuhe, Hubert den Helm, – aber jetzt!?

Jetzt ... war es mittlerweile kritischer geworden: Vor lauter Zerfahrenheit und Erinnerungsschwelgerei vergaß ich mich auf das Wesentliche zu konzentrieren, kam von der Route ab, und befand mich unversehens im Schwierigkeitsbereich V+, es gelang mir gerade noch, den Standplatz zu erreichen.

»Welch herrliche Kraxelei«, schwärmte das Paar, als wir am Standplatz zusammentrafen, »ein Tag heut für die Ewigkeit.«

»Eher nicht«, begann ich verlegen meine Beichte, »wir müssen leider abseilen, ich hab nämlich meine Kletterpatschen ...«

»Waas? Wie siehst du denn aus?« entsetzte sich die Frau über meine zerfransten Latschen, Sportschuhe, die sie vor einer Stunde noch waren.

Meine Gäste hatten »ein Herz wie ein Bergwerk« und

erteilten mir Absolution. Während ich also am Standplatz den Seilsalat sortierte und alles für die Rückzugsaktion vorbereitete, fiel mein Auge auf die Füße der Frau, ihre Schuhgröße war ähnlich der meinen.

Ich weiß nicht, welche Fee von Fanes mich heimlich erleuchtete, aber meine Idee fand ich genial – umständlich gewiß, aber das sollte das Problem nicht sein.

Ich schlüpfte in die Kletterpatschen der Frau, kletterte voraus zum nächsten Standplatz. Dort fixierte ich das Seil und seilte wieder ab zum Ausgangspunkt. Hier übergab ich der Frau ihre Patschen, und mit meinen Latschen hangelte ich mich am Fixseil wieder nach oben, wie an einem Klettersteig. Und so weiter und so fort ...

Einem Bergführerkollegen passierte ein ähnliches Mißgeschick und auch ihm kam die glorreiche Schuhwechselidee.

Mit einer kleinen Variation: Beschuht mit den Kletterpatschen seines Gastes, stieg er voraus zum Standplatz. Dort angekommen, ließ er sie an einer aus Bekleidungs- und Ausrüstungsteilen zusammengeknüpften »Wäscheleine« hinabpendeln zum Besitzer. Und so weiter und so fort ...

Pech nur, daß ihm bei einem Wechselmanöver ein Schuh aus der Hand rutschte und sich auf Nimmerwiedersehn verabschiedete. Die restlichen Seillängen zum Gipfelkreuz wurden zur wahren Via crucis.

Vergißt man sie nicht, die Kletterpatschen, können sie trotzdem zum Verhängnis werden. Einmal, als ich alleine unterwegs an der Gelben Kante der Kleinen Zinne (Schwierigkeit VI–) war, verspürte ich plötzlich in der Schlüsselstelle ein seltsames Gefühl am linken Fuß. Er hielt nicht, ich hatte keine Reibungshaftung mehr, vermochte den Tritt nicht zu setzen. Instinktiv konzentrierte ich mich voll auf die Hände, wie ein Schraubstock bohrten sich meine Finger in den kantigen Fels. Mit aller Sehnen Kraft hielt ich die Griffe, ziehender Schmerz schoß in die Arme, zum Bersten gespannt die Muskeln, mit dem Rest meiner Kraft zog ich mich zum Standplatz.

Furchtvoll glitt mein Blick zum Schuh, es bot sich ein unfassbares Bild: Die Plastikversteifung in der Sohle des Kletterschuhs (damals als Novum gepriesen) war gebrochen. Wäre ich abgestürzt, ungesichert wie ich war, hätte wahrscheinlich niemand je den Grund dafür bemerkt.

Wie ich es weiter und zum Ausstieg der Tour schaffte, kann ich nicht erklären, ein Nebel hüllt eine meiner schlimmsten Erinnerungen ein.

Dichter oder Narr

Ich kletterte solo in der Südwand der Kleinen Zinne, die Route Egger-Sauschek (Schwierigkeitsgrad VI+), an sich nichts besonders Aufregendes.

Wochen später flatterte mir ein Brief ins Haus von einem mir unbekannten Absender. Verwundert öffnete ich den Umschlag und fand eine Serie Kletterfotos. Beim genaueren Hinsehen erkannte ich mich beim Klettern in der Kleinen Zinne. Ein deutscher Urlaubsgast hatte mit dem Teleobjektiv Aufnahmen von mir gemacht und war von meiner Solokletterei dermaßen begeistert, daß er sich bei den umliegenden Hüttenwirten sogar nach meinem Namen erkundigt hatte, was bei dem Trubel an den Zinnen schon einer Sisyphusarbeit gleichkommt. Nicht genug, er erfragte auch noch meine Heimatadresse, um mir die Fotos schicken zu können.

Der Brief freute mich ganz besonders, weil er zeigt, daß es in dieser schnellebigen, hektischen Zeit noch Menschen gibt, die sich für andere interessieren und sich auch die Mühe machen, anderen eine Überraschung zu bereiten. Außerdem war ein Kommentar beigefügt, den ich nie vergessen werde: »Mit Verlaub, Sie sind entweder ein Dichter, oder ein Narr!«

Und da ich kein Dichter bin ...

Ordnung muß sein

Schwer abzubringen war Mike von seiner fixen Idee, die Gelbe Kante an der Kleinen Zinne zu machen. Ich war dafür nicht zu begeistern, erst im Vorjahr hatte ich dort ein ungutes Erlebnis gehabt (siehe »Kletterpatschen«), und außerdem ist an Wochenenden (für Mike die einzigen freien Tage) oft viel los.

Steter Tropfen höhlt den Stein, Mike konnte mich erweichen, und so gingen wir sonntagmorgens Richtung Zinnen. Wie in einer Beichtzeile – falsch, denn lange Beichtzeilen gibt es heute keine mehr –, wie vor einem Würstlstandl also, stand das Klettervolk am Einstieg.

Bis die »Eintrittskarten gelöst« und wir dem ganzen Rudel hinterhergezuckelt sind, ist eh schon wieder Dämmerstunde, dachte ich für mich.

»Wir könnten die ersten zwei Seillängen in einer Variante umgehen«, schlug ich Mike vor, »so sparen wir uns den ganzen Rummel.«

» Ja, schon «, raunzte Mike, » aber die Tour ist dann nicht komplett. «

» Und hier schlagen wir Wurzeln, bis wir drankommen «, antwortete ich, packte auf und stieg ein in die Routenvariante. Mike mußte mit, ob er wollte oder nicht. Nach zwei Seillängen stießen wir auf die Originalroute der Gelben Kante und hatten über uns freie Bahn.

Wir waren die ersten am Gipfel und als wir abseilten, befand sich die Mehrzahl der Überholten noch mitten in der Tour. Am Rückweg, Mike war schon schnurstracks Richtung Auronzo-Hütte losgezogen, pfiff ich ihn zurück, er solle mir folgen.

Wortlos ging ich erneut zum Einstieg der Kante und kletterte los. Mikes endloses Fragenregister beantwortete ich mit einem einzigen: » Komm nach! « Seine Randbemerkung, ob ich denn total durchgedreht sei, ließ ich kommentarlos stehen. Wir kletterten die zwei originalen Anfangsseillängen der Tour hinauf und seilten wieder ab.

» So, Mike «, grinste ich, »Ordnung muß sein! «

Sandalenwalzer

Gefangen wie ein wildes Tier im Käfig fühlte ich mich. Die Heilung der Erfrierungen an den Zehen vom Kangchendzönga schritt zwar gut voran, mir aber ging alles zu langsam. In Sandalen versuchte ich ein leichtes Lauftraining wiederaufzunehmen, an mehr war im Augenblick nicht zu denken.

Sonntagmorgen: Mike und Rosi riefen an, wollten irgendwas mit mir unternehmen, eine kleine Wanderung, um meine Füße nicht zu sehr zu beanspruchen.

Ich aber wollte endlich auf einen Gipfel, hoch hinaus.

»Packt mal eure Kletterpatschen in den Rucksack, dann werden wir schon was machen aus dem Tag«, riet ich Mike und legte den Hörer auf, meinem Gesprächspartner fehlten die Worte.

»Wir probieren eine kleine Wanderung, den Windschar-Nordgrat«, eröffnete ich den anderen bei der Fahrt ins Reintal. Grabesstille.

Nur Brigitte war meiner Meinung: »Du spinnst!«

Die Erstbegehung des Nordgrates an der Großen Windschar, ein Dreitausender, der mir in die Stube lacht, gelang mir 1974 mit meinem Jugendfreund Sepp. Es war meine erste Erstbesteigung überhaupt und bleibt für mich eine der schönsten Gratklettereien in der Rieserfernergruppe, anspruchsvoll und luftig, mit Stellen im unteren sechsten Schwierigkeitsbereich.

Die Mädels schimpften zweistimmig beim mühsamen Hinaufkraulen durchs Schotterkar, Mike faselte ständig, »ob wir nicht vielleicht doch ...«, aber mir und meinen Zehen in den Sandalen ging's prächtig.

Zugegeben, ich war ewig nicht mehr im urigen, unwegsamen Lanebachtal gewesen und dementsprechend punktgenau führte ich mein Trio zum Einstieg. Einige ungeplante Varianten ergaben zusätzliche Routenänderungen, so daß wir letztlich zum Einstieg abseilen mußten, was kommentarlos hingenommen wurde. Ein wortreicher Choral begleitete mich erst wieder in leichtem Gelände. Doch mit zunehmend geforderter Konzentration am brüchigen Grat verstummten die gregorianischen Gesänge.

Die Schlüsselstelle knapp unterhalb der Gratmitte – über uns ein dachartiger Felsausbruch: Mit Sandalen wagte ich nicht in die Wand hinauszuqueren, um am Riß entlang die Platte zu durchklettern. So zwängte ich mich in die Kletterpatschen, schraubstockgleich umspannten sie meine lädierten Zehen. Höllische Schmerzen durchzuckten meinen Körper bei jedem Felskontakt, wie Stacheln bohrten sie sich in die Nervenbahnen.

Mitten in der Wand ging nichts mehr, ich mußte heraus aus den Patschen, hatte Angst, daß ich meine Zehen durch diesen Gewaltakt endgültig verlieren könnte. Mit einer Hand hielt ich mich im Plattenriß fest, mit der anderen zog ich wieder die Sandalen an.

Geradezu erleichtert, als ob ich auf Watte stünde, fühlte ich mich jetzt. In Sandalen eine so schwierige Stelle im Vorstieg zu klettern, war eine Premiere für mich, aber die richtige Dosis Adrenalin im Blut verlieh mir Flügel.

Wie ein gotisches Kirchendach präsentiert sich schließlich die letzte kritische Stelle, etwa 200 Meter unterhalb des Gipfels. Es gilt, cinc zugespitze, fußbreite Gratrippe zu überwinden, während einen die beidseitigen Steilabfälle magisch in die Tiefe zu ziehen scheinen – die klassische Mutprobe.

Ich ahnte es : Protestkundgebung der Frauen, Verweigerung. Mike redete seiner Rosi zu wie einem kranken Kind.

»Du mußt da hinüber«, verkündete ich Brigitte kurz und endgültig, »oder sollen wir den ganzen Bockweg etwa wieder zurück ?« Psychologisch ausgefeilt war dieser Rat nicht, aber es blieb keine andere Wahl.

Spät war's, als wir schließlich den Gipfel erreichten, und 1800 Höhenmeter Abstieg gähnten uns noch an. Ohne Gipfelbussi und Fiderallalla stiegen wir zur ostseitigen Grubscharte ab.

Die Steinwüste nordseitig zurück ins Lanebachtal sah von oben noch wilder aus, durch die langen Abendschatten noch gefährlicher. Jetzt war endgültig Sendepause bei den Frauen. Eigenmächtig und ohne demokratischen Ratsbeschluß schlugen sie den Normalweg ein, der südseitig ins Mühlbachtal führt. Mike und ich aber polterten nordseitig die Schotterhalde hinunter zum Auto.

Im Toblhof tranken wir das erste Bier, auf irgendeine Weise wollte ich den verkorksten Tag aus dem Kopf und den Druck von den Zehen kriegen.

Die 30 Kilometer Autofahrt, um die Mädels abzuholen, schafften wir nur in fröhlichen Etappen mit Frischgezapften. Es war längst finster, als Brigitte und Rosi im Mühlbacher Gasthof zur Tür hereinkamen – ihre Mienen ebenso.

Schlangentanz

Schlangen, allein vor dem Wort graust mir, so weich, so glitschig. Nein, ich mag sie nicht, die Viecher. Vor einem Bären oder Wolf hätte ich bestimmt gehörigen Respekt, würde ich ihn in freier Wildbahn antreffen, aber es gibt nichts Schlimmeres für mich als Gewürm.

Ein warmer Julitag. Die Bergrettung von Sand in Taufers trifft sich zu Vorbereitungen für ihre Schauveranstaltung an der Purstein-Wand. Wir sind beschäftigt, Seile für die Schauübung zu befestigen.

Allein und ungesichert klettere ich eine Fünferstelle, um eine Fixierung anzubringen. Ich kenne jeden Stein, brauche mich nicht zu sichern. Geht ja federleicht wie ein Tanz. (Leichter, denn tanzen wäre ein Problem für mich.)

Herrlich heute. Warm. Schön der Griff da oben rechts. Zieh mich hoch. Mein Auge erreicht die Quote der Hand – und blickte in zwei kalte, schwarzstrichige Augen, dazwischen ein züngelndes Ypsilon. Eine Kreuzotter ! Einen Fingerbreit neben meiner Hand, direkt vor meiner Nase !

Das Blut stockt mir in den Adern. Vor Schreck will ich loslassen. Du darfst nicht, schießt's mir durch den Kopf. Du bist ungesichert ! Nicht loslassen ! Du fällst ins Nichts. Ganz still bleiben. Ganz ruhig. Ganz langsam.

Gaaanz, ganz lang, ewig lang haben wir uns in die Augen gesehen. Stumm.

Zu dumm wurde ihr endlich das Spiel, oder mein Angstgesicht. Im Slalom glitt sie einen Riß entlang und verschwand im Grau der Wand.

Schweißgebadet erreichte ich den Ausstieg, rannte mit meinem Puls um die Wette und zischte ab.

Tage später verplapperte ich mich, freiwillig hätte ich diese Schmach und Schande meinen Freunden nie erzählt! Und Werner lachte! Sind doch so niedliche Tierchen, so friedliche. Wie er lachte! Die ganze Wand schallte davon. Über Jahre hörte ich das Echo ...

Wochen später treffe ich Werner am Piz Ciavazes. Er ist mit einem Gast unterwegs zur Micheluzzi-Führe. Wie Honig auf Bären muß Werner auf Vipern wirken, schlängelt sich doch schon wieder so ein berüchtigtes Geschöpf am Weg zum Einstieg. Werner packt es kurzerhand am Kragen und verstaut es in seinem roten Rucksack.

Der Gast versteht die Welt nicht mehr – machen die Eingeborenen hier das immer so?

Die Seilschaft klettert prächtig, kommt flott durch die schwierigsten Passagen. Nur immer kurz vor den Standplätzen verliert der Gast den Schwung. Werner muß ihn förmlich hochziehen zu seiner Standsicherung. Denn je näher die rote Gefahr in Form des Rucksacks rückt, um so verkrampfter bewegt sich der Gast. Übrigens – dies wird wohl die erste Kreuzotter gewesen sein, die jemals die Micheluzzi-Führe »durchklettert« hat.

Heute – ein paar Jährchen sind vergangen – lacht Schlangenbeschwörer Werner etwas weniger laut über Leute mit Schlangenphobie.

Er war zum Klettern in Südfrankreich. Als Tiernarr bewunderte er nicht nur die Schlangenadler, sondern auch deren Mittagessen. Und um seiner Freundin die Reptilienphobie zu nehmen, beschwichtigte er ihr ängstliches Wesen zunächst mit theoretischen Seminaren im Zelt. Dann ging man über zum praktischen Teil. Die nächste Schlange, die Werner über den Weg kroch, faßte er hinterm Kopf und ließ sie baumelnd die Grande Nation von oben bewundern. Der kleine Tarzan bewies die Harmlosigkeit des Tieres, indem er es wie eine Liane um seine Arme gleiten ließ.

Lange mag das keine Schlange. Kurz entkam die Aspisviper dem Würgegriff und biß zielgerade in den nächstgelegenen Zeigefinger!

Nach höllischen Schmerzen und Blutdruckkrisen dauerte es rund zwei Monate, bis Werner keinen Nachgeschmack mehr von dem giftigen Kuß verspürte. Jedoch: Seit dem Biß der Klapperschlang' nun seine Klappe schlapper klang.

Lockere Beziehungen

Der Stein lag mitten im Ausstiegsriß des Mittelpfeilers. Der Tag begann sich über dem Heiligkreuzkofel bereits zu verabschieden, vielleicht hatten wir doch zu lange gewartet, sind etwas zu spät eingestiegen. Erich und ich hatten gehofft, daß die kraftlose Wintersonne die Westwand etwas erwärmen würde, bald nach dem Einstieg aber verlor sie den Kampf gegen die Wolken, und Schneegraupeln und Kälte begleiteten uns während der gesamten Winterbegehung. Lange schon hatte ich mich auf diese anspruchsvolle Tour gefreut, und nun ließ uns das Wetter wieder einmal im Stich.

Der Stein, der sich im Riß verkeilt hatte, versperrte mir das Hinlangen zum dahinterliegenden, sicheren Griff. Der Stein wackelte zwar wie ein lockerer Zahn, hatte sich aber so fest verkeilt, daß es mir nicht gelang, ihn herauszuholen. Nach langem Zögern und gegen jede Vernunft benutzte ich ihn schließlich selbst als Griff und gegen jedes statische Gesetz – der Stein hielt.

Einige Sommer später kletterte ich mit Friedl. In seiner Sammlung der anspruchsvollen Dolomitenrouten fehlte ihm noch diese Tour am Mittelpfeiler des Heiligkreuzkofels. Im Ausstiegsriß traf ich wieder auf meinen alten Bekannten, und ergriff diesmal ohne zu zögern den wackeligen Gesellen. Im selben Moment löste sich der Stein aus seiner Verkeilung und zusammen flogen wir 15 Meter die Wand hinab. Ich stürzte rücklings ins Leere, glücklicherweise hielten die Zwischensicherungen aber bombenfest, und als das Seil sich straff gespannt hatte, pendelte ich in der Höhe von Friedls Standplatz in der Luft neben ihm. Den Stein noch immer in der Hand.

»Gehts Du heute Steine sammeln?« war Friedls trockener Kommentar. Gelassen zog er mich zu sich an den Standplatz, hieß mich sofort wieder vorausklettern und mir keine Zeit, über Sturz und Schreck nachzudenken. Ach, noch etwas gab mir Friedl mit auf den Weiterweg: Ich solle diese »lockeren Beziehungen« in Zukunft meiden.

Eine kleine Nachtmusik

Es war Mitte Dezember. Für einen Werbefilm sollten einige Fels- und Eiskletterszenen gedreht werden, und Mike kam mit, um mich zu sichern. Den Eisfall in Kolfuschg bin ich mehrere Male geklettert, bis endlich Licht, Action und Ton stimmten, am Piz Ciavazes war's ähnlich. Das Abendrot ließ das Gebirgsmassiv erstrahlen, wie vergoldet stand die Ciavazes-Wand da, es war gegen 16 Uhr, als die Filmerei beendet war.

»Weißt was, Mike«, schlug ich vor, »wir klettern noch schnell eine Seillänge die Micheluzzi-Führe (V+), weil wir eh schon hier sind, und noch so ein phantastisches Licht ist.«

»Blödsinn«, Mike ablehnend, »in einer Stunde ist es finster.«

»Nur eine kurze Seillänge, bis dahin sind wird längst zurück.« Ohne eine Antwort abzuwarten, zog ich schon los Richtung Einstieg.

Nach der ersten Seillänge:

»Nur noch die zweite Seillänge, Mike, ich brauch' noch eine kleine Lockerungsübung, die Filmerei war so langweilig.«

Nach der zweiten Seillänge (in der Dämmerung):

»Wir klettern noch schnell bis zum Anfang des Quergangs, Mike. Dort weiß ich eine prima Abseilpiste.«

Anfang Quergang (es war schon dunkel):

»Nur noch zehn Meter, Mike, brauchst nur nachkommen, immer dem Seil nach.«

Ende Quergang (es war mittlerweile stockfinster):

»Hier seilen wir ab.«

Mike: »Jetzt schon? Ist doch ein phantastisches Licht ...«

Am Sella-Paß-Haus kehrten wir noch kurz ein, der Wirt lief mir schon entgegen und umarmte mich. Endlich sei ich da, rief er vollkommen aufgelöst. Touristen hatten beim Dunkelwerden noch Kletterer in der Wand gesichtet und wollten die Bergrettung alarmieren. Der Wirt aber hatte zum Glück mein Auto erkannt und deshalb mit der Einsatzmeldung erst einmal abgewartet. Denn ein Nachtklettern konnte ja nur ein Verrückter veranstalten – und der Wirt kannte mich ja ...

Papst Paul VI.

Es war Sonntag, und wie üblich verabredeten wir uns zu einer Klettertour. Welche Tour wir machen wollten, knobelten wir meistens erst bei der Hinfahrt Richtung Dolomiten aus. Die kurvenreiche Straße ins Gadertal kannte mein Auto fast auswendig und dementsprechend flott war ich unterwegs.

Auf dem Rücksitz maulte Mike, daß ich doch gemütlicher fahren solle, aber als er sich bei Piccolein das erste Mal übergeben mußte, dachte ich, daß sein Magen jetzt leer und folglich mein Tempo nicht mehr zu reduzieren sei. Erich verkeilte sich am Beifahrersitz, die linke Hand auf der Handbremse, die rechte am Türhebel und hatte dadurch eine recht gute Copilotenposition.

Er wollte zur Tofana, die Kletterroute »Paul VI.« interessierte ihn schon lange. Große Lust dazu hatte ich an dem Tag nicht, und Mike sagte gar nichts. Bei Pedraces mußte ich für Mike zum zweiten Mal anhalten, er keuchte fürchterlich.

Am Lagazuoi-Paß diskutierten wir nochmal, wo es nun hingehen sollte. Erich bestand auf seinem Papst, Mike und ich wollten nicht. Aber wir fuhren trotzdem Richtung Tofana und gingen zum Einstieg der Papst-Tour, Beschlüsse wurden bei uns nämlich demokratisch abgestimmt: nach Lautstärke.

Am Einstieg übergab sich Mike zum dritten Mal. Sein Gesicht war inzwischen grüngelb, er sah aus wie ein Häuflein Elend und wollte, daß wir ohne ihn kletterten.

Als Erich und ich zur Schlüsselstelle kamen (Schwierigkeitsgrad VI), wurde Erich auch schlecht (von der Fahrerei?), und er wollte abseilen.

So wurde aus der Tour des Heiligen Vaters nichts und der herrliche Sommertag war im Eimer. Ich ahnte nun, daß große Bergfahrten ganz andere Talente voraussetzten als das reine Kletterkönnen, nämlich Mitfahr- und Seetüchtigkeit, Kopfweh- und Schlafmangeltüchtigkeit, gelegentlich auch Theken- und andere Standfestigkeit, und vor allem viel Demokratie.

Das nächste Mal war ich mit Friedl zur Tofana unterwegs. Er wollte wieder versuchen zu klettern, nachdem er sich bei der Expedition zum Kangchendzönga die Fingerspitzen erfroren hatte. Ganz langsam erst kehrte das Gefühl in seine Finger zurück, aber vielleicht gelänge etwas heiliger Segen in seine Finger, scherzte er, und wollte die »Paul VI.«-Tour klettern.

Friedl ging es im Nachstieg erstaunlich gut und er meisterte auch die Schlüsselstelle problemlos. Mittlerweile schien die Sonne voll in die Wand, Friedl war richtig gut drauf und sagte, er wolle versuchen, selbst eine Seillänge im Vorstieg zu klettern.

Ich war damit einverstanden – nur waren wir uns offenbar über den Zeitpunkt nicht einig. Friedl klinkte mich vom Standplatz aus, weil er meinte, ich würde die kommende Seillänge noch im Vorstieg klettern, und ich klinkte Friedl aus, weil ich meinte, er wolle die kommende im Vorstieg voraus. So standen wir beide auf einem kleinen Absatz mitten in der Wand, beide vollkommen ungesichert neben einem perfekt gebauten Standplatz. Hätte nur einer von uns eine falsche Bewegung gemacht, oder sich zum Rasten etwas ins Seil lehnen wollen, wir wären beide die Wand hinuntergeflogen ...

Hatte vielleicht doch jemand die heilige Hand im Spiel?

Vergebliche Müh'

Es war die Zeit meiner Alleingänge. In schwierigen Touren suchte ich meine physischen und psychischen Grenzen, den Reiz des äußersten Risikos.

Ungesichert kletterte ich die »Via Italia« (Schwierigkeitsgrad VI/A3) am Piz Ciavazes oder die »umgekehrte Stiege«, wie die Kante wegen ihrer zahlreichen Überhänge auch genannt wird.

Beim zweiten Mal durchstieg ich die risikoreiche Route im Alleingang für Filmaufnahmen. Für Nichts, der Film verschwand nämlich in den unerforschlichen Kanälen der Entwicklungsfirma und ward nie mehr gesehen.

Noch ein Mal wagte ich mich solo durch die Route und wieder wurde gefilmt. Um auf Nummer sicher zu gehen dieses Mal auf Video, so daß der Film nicht erst entwickelt werden mußte. Der Sommertag zauberte ein herrliches Licht in die Wand und der Fels erstrahlte in den typischen Dolomitenfarben, die kein anderes Gebirge der Welt besitzt. Auch ich war in Topform und kletterte die Route wie im Traum.

Gleich nach dem Abstieg hockten wir uns ins Gras, um das Ergebnis der Filmaufnahmen auf dem kleinen Kontrollbild der Kamera zu bewundern. Beim Zurückspulen summmte das Gerät schon verdächtig schwerfällig und als wir die bewegten Bilder anschauen wollten, war außer undefinierbaren Zuckungen und schwarzen Streifen nichts zu sehen. Die Batterien der Kamera waren leer, das Magnetband war gerissen – und mein Geduldsfaden auch.

Goldener Oktober

Am liebsten mag ich das Morgenlicht, wenn es ganz zart, weiß und leise aus dem Horizont hervorschlüpft. Wenn noch dazu Klettern angesagt ist und Brigitte, Rosi und Mike dabei sind, wird's obendrein lustig.

Frostig begrüßte uns der Oktobermorgen am Parkplatz des Grödner-Joches, aber erste Sonnenstrahlen streiften bereits die Bergspitzen und bald würde die Sonne unsere Kraxelei am Brunecker Turm begleiten.

Mikes Rucksack war wieder einmal übervorschriftsmäßig vollgestopft mit allem Drum, was er sowieso nie brauchte, und allem Dran, was überflüssiger Ballast ist.

» Raus mit dem Plunder «, schnarrte ich ihn an, » für die paar Seillängen nehmen wir gar nichts mit. Was trinken können wir oben an der Pisciadùhütte, also ... «

» Aber kaaalt ist's ! « Rosi klapperte mit den Zähnen.

» In einer halben Stunde ist sowieso die Sonne da. Ihr seid doch nicht aus Zucker ! « erscholl mein Machtwort.

Die beiden Mädels schlurften zum Einstieg und rieben sich dabei die Gänsehaut glatt.

Jedes Mal dieselben Diskussionen, denke ich, immer das gleiche Theater von wegen Anorak und Mütze undjanichtsvergessen !

»Ich schwitz schon richtig«, ermunterte ich die Gesellschaft beim Anseilen, »ihr werdet sehen, wie herrlich warm wir's heut kriegen!«

»Unsere Route am Brunecker Turm ist nordwestseitig«, war Mikes knapper Kommentar, ebenso eisig wie die Luft.

Ich stieg voraus. Die Kletterpatschen rutschten am dunklen, nassen Fels. »Ist wie bei den Autoreifen«, scherzte ich, »gleich haben wir die Aufwärmtemperatur erreicht und mit der richtigen Bodenhaftung geht's dahin wie der Wind.«

Zugegeben: Windig wurde es, je höher wir kamen, wärmer aber nicht.

Am ersten Standplatz schnauzte Rosi Mike an, wieso er nicht wenigstens was zum Anziehen eingepackt habe. Verstohlen zog Mike zwei leichte Fleece-Westen aus dem sonst leeren Rucksack. Brigitte sah eher blaß drein in ihrem weißen T-Shirt. Am zweiten Standplatz war sie noch blasser.

»Hätten wir doch ...«, begann Mike seine Predigt, und schon maulten sie alle stereo.

»Unten im Auto liegen die dicken Pullover, aber wir durften sie ja nicht mitnehmen.« (Rosi vorwurfsvoll.)

»Das ist das letzte Mal, daß ich mit dir klettern geh! Nie mehr, nie mehr mit dir! Und überhaupt bist du ...« (Brigittes detailgetreuer Wortlaut sollte besser nicht abgedruckt werden.)

Das Gezetere machte die Situation nicht besser, höchstens mich im Vorstieg unkonzentrierter. Ich hatte ja selbst die größten Probleme mit der Kälte. Konnte kaum mehr die Griffe fassen, spürte Finger und Zehen schon längst nicht mehr. Scharfer Wind pfiff durch mein ärmelloses T-Shirt wie durch ein Fischernetz.

Ab hier war Sendepause. Die Mädels waren mir bitterböse und sprachen kaum mehr ein Wort, bis zum Ausstieg nicht, nicht in der Hütte, am Abstieg und beim Nachhausefahren auch nicht. Pluspunkte hatte ich mir an jenem Tag bestimmt keine geholt. Aber trotz allem, beim nächsten Mal, das wußte ich, würde sich wieder aufs neue die Diskussion ergeben, was in den Rucksack gepackt wird und was nicht ...

Oh du fröhliche

Winterklettern am Piz Ciavazes. Erich wollte durch die Soldà-Führe. Warum nicht, dachte ich mir, die hab' ich schon ewig nicht mehr gemacht.

Die Route war mir nicht mehr im Kopf, Erich aber hatte sie erst letzten Sommer durchstiegen, und so vertraute ich blind seinen Anweisungen. Nach einigen Seillängen, ich im Vorstieg kletternd, schickte er mich förmlich in die Prärie.

»Hardigattn! Da stimmt doch was nicht, das kann doch nicht richtig sein«, knurrte ich zu Erich hinunter.

»Doch, doch«, Erich mit stoischer Ruhe (gemessen an seiner Redseligkeit, war dies bereits ein Roman).

Nach langem Überlegen, ob hin oder her, sah ich über mir einen gelben Bruch, der ein Felsausbruch zu sein schien. Wie aber verlief die Route?

»Ich zahl' eine Runde, wenn wir falsch sind!« zürnte es von unten herauf (Erichs Roman, Band 2).

Also weiter auf sein Geheiß. Fluchend und murksend im Zentrum des Schlamassels, wie zwei Klemmkeile steckten wir mitten in der Wand. Felsnägel hatten wir keine dabei, um uns »durchzuschlagen« durch die Misere.

»Ich seil ab zu deinem Standplatz«, rief ich Erich zu.

Er sagte nichts, was soviel hieß wie »wenn's sein muß«.

Wir versuchten die meiner Meinung nach richtige Route, allerdings vergebens, auch hier scheiterten wir kläglich. Es gab kein Durchkommen.

»Schluß, aus, abseilen und weg hier«, entschied ich strikt und undemokratisch, »das wird heut nichts mehr.«

Mein Frust verflog, als ich von unten nochmals die Wand studierte und erkannte, daß der Felsausbruch frisch und dies der Grund des Scheiterns war. Die ursprüngliche Route gab es nicht mehr.

Erich grantelte weiter: »Meine Anweisungen jedenfalls waren richtig, kann doch nichts dafür wegen dem Bruch.«

Zwei Tage vor Weihnachten kann man so nicht auseinander gehen. Gegen solch' Kümmernis gibt's nur ein Mittel: die Bar der schönen Mädchen (nicht, was ihr jetzt glaubt!).

Das kleine Gasthaus lag auf unserem Nachhauseweg, es war ein beliebter Treffpunkt unter uns Bergsteigern. Zwei Schwestern führten es, freundliche, sympathische, recht hübsch waren sie obendrein.

Das Lokal war leer, die Mädchen schmückten den Christbaum. Sie drückten uns Strohsterne und Kerzen in die Hand, wir sollten unseren Gestaltungsideen freien Lauf lassen. Es gab Lebkuchen, der Duft von Zimt und Honig lag in der Luft, ja die ganze Atmosphäre war so warm und wohlig und wurde für uns ein unvergeßliches, vorweihnachtliches Geschenk.

Inzwischen hatte es zu schneien begonnen und es war spät, höchste Zeit, aufzubrechen (wie schwer es oft ist, vernünftig sein zu müssen). Dummerweise war ich an diesem Tag mit dem Porsche meines Schwagers unterwegs. Nichts gegen den Wagen, nur ich hatte keine gute Straßenlage mehr nach einigen Gläschen Glühwein.

Die Fahrbahn war rutschig, ich den Rennschlitten nicht gewohnt, schlechte Sicht und zudem nichts als Kurven – da mußte ich alle Weihnachtsromantik aus dem Kopf schütteln, um halbwegs auf der Spur zu bleiben.

Doch Erich war ein guter Copilot, furchtlos und schweigsam.

Still war die Nacht und ewig, bis wir endlich zu Erichs Haus kamen. Schon vor Wochen hatte er den Haustürschlüssel verloren. Die Kletterei über Hauswand und Balkon zu seinem Zimmerfenster war er mittlerweile gewohnt und dazu in jedem Zustand fähig.

Tags darauf rief er an, er habe im Auto die Geldtasche vergessen. Wie ein Zollbeamter nahm ich mir den Wagen vor, durchsuchte sämtliche Winkel und Ecken – ohne Erfolg.

Ich war es leid, verflixt noch mal, erst die Enttäuschung beim Klettern und jetzt noch die Brieftasche verloren! Oh, du fröhliche ...

Frühling ist's geworden. Ich treffe Erich, wir plaudern über Gott, die Welt, und über unser weihnachtliches Erlebnis. Ob er die Brieftasche nie gefunden habe, frage ich.

»Doch, doch«, grinst Erich, »unterm Balkon ist sie zum Vorschein gekommen, fein ausgeapert, als der Schnee geschmolzen war. Hab sie wohl bei der Klettertour verloren.«

»Und das Geld, alles noch drinnen?«

»Alles – jede Menge – genau 2000 Lire*.«

»Die Route war schon richtig«, scherzte er, »nur der Bruch war schuld. Der Hosentaschenbruch.«

* = etwa ein Euro

Erstbesteigungen – oder auch nicht

»Erstbesteigung«

Alles, was nach Neuland roch, juckte uns. Mit dem Auge des Falken durchstreiften wir jeden Riß, jede Kante, jede Wand nach unbestiegenen Herausforderungen. Schon Wochen waren Hanspeter und ich heiß auf eine Kante am Piz Ciavazes links der Buhl-Verschneidung, unberührt, steil und kühn. Studierten sie, begehrten sie, fürchteten sie – nicht machbar.

Irgendwann versuchten wir es doch. Stiegen ein und querten zum Anbruch der Kante. Alles bestens in der ersten halben Seillänge, relativ griffiger Fels, klettertechnisch keine Probleme. Nach etwa 30 Metern reibe ich mir die Augen – seh ich recht? Ein Haken! Alt, verrostet, primitiv geschmiedet. Vielleicht eine Notabseilsicherung eines überstürzten Rückzugs? Nach der nächsten Seillänge ein gleicher Haken. Und immer wieder einer, es ging so weiter bis zum Ausstieg. Alte, verbogene und verrostete Haken nahm ich mit als Erinnerung, und kam mit mehr Felshaken zurück, als ich beim Einstieg besaß. Wir waren nicht die ersten hier. Jahrzehnte vor uns hat jemand diesen Fels berührt, der Beklemmung und Sehnsucht zugleich hervorruft. Wahrscheinlich Hermann Buhl selbst. Vielleicht gelang ihm damals schon der direkte Durchstieg über die Kante, neben der heute bekannten Buhl-Führe.

Enttäuschung war es nicht, was uns wortlos machte, aber unsagbares Staunen. Und höchster Respekt vor den Kletterpionieren, deren Spuren wir heute mit modernster High-Tech-Ausrüstung betreten.

Mein erster Winterberg

Der Sommer als Lehrbub am Bau war überstanden, eisige Frostnächte kündigten sich schon an, und die Arbeit wurde immer härter. Vor Wintereinbruch mußten wir noch dringend ein Haus fertig bauen und eine Rotte Handwerker lief kreuz und quer wie in einem Ameisenhaufen.

Der Zufall wollte es, daß Hubert, der Hydraulikerlehrbub, neben mir am selben Gerüst werkelte. Voll Begeisterung erzählte er, wie er im Herbst an einem Kletterkurs des Deutschen Alpenvereins teilgenommen hatte und bis zum IV. Schwierigkeitsgrad geklettert war. Endlich hatte ich einen »Leidensgenossen« gefunden, einen unheilbar an Bergfieber Erkrankten.

Das Ziel meiner sehnlichsten Wünsche sah ich vom Schlafzimmerfenster aus, wie eine heimliche Geliebte betete ich die Große Windschar an, und der Nordgrat hatte noch keine Winterbegehung. Die wildesten Gerüchte rankten sich um den Berg. Fragte ich meinen Bruder nach dem Weg im Winter, winkte er nur stumm ab. Die Jäger des Dorfes raunten hinter vorgehaltener Hand, nicht mal Gemsen würden das Gebiet betreten, von Menschen ganz zu schweigen. Von alledem erzählte ich Hubert freilich nichts, als wir eines Sonntags die Winterbegehung versuchten.

Um vier Uhr morgens trafen wir uns am Toblhof, um mit den Motorrädern zum Einstieg zu fahren. Einstieg ist der falsche Ausdruck, ich bildete mir nur eine günstige Stelle als Ausgangspunkt ein, ebenso falsch ist der Ausdruck Motorrad, vorsintflutliche Knatterer waren es, denn was anderes konnten wir uns nicht leisten. Die 20 Zentimeter Schnee, die über Nacht gefallen waren, packten die Maschinen bald nicht mehr und so fing die Tour schon mal gut an, nämlich schiebend.

»Schiebend« ging's weiter im dichten Wald, denn bis zu den Hüften brachen wir im Neuschnee ein. Wir wühlten uns durch Unmengen von Schnee, immer wieder wechselten wir uns ab im mühseligen Spuren. Wahrscheinlich habe ich mich nicht mal bei meinen Versuchen am K2 so geschunden, aber dank unseres jugendlichen Durchhaltewillens gab es kein Zurück. Hubert war ein harter Bursche und ließ sich nichts von der Strapaze anmerken. Das gefiel mir.

Stundenlang hatten wir uns durch den Schnee gegraben, auch oberhalb der Waldgrenze waren die Verhältnisse nicht besser. Das Etappenziel war der Fußpunkt des Nordgrates, denn am Grat, so hoffte ich, würde der Wind die großen Schneemengen weggeblasen haben, aber wir schafften es an diesem Tag nicht mehr. Zuviel Neuschnee und wir zu langsam, zu müde. Wir kamen nicht einmal zum Beginn des Grates und mußten umdrehen. Aber die Niederlage war schnell verkraftet und ich ermunterte Hubert, den Dreitausender am kommenden Sonntag wieder zu versuchen.

Diesmal starteten wir schon um drei Uhr früh. Die Schneedecke hatte sich im Waldbereich inzwischen gesetzt und wir kamen relativ schnell voran. Oberhalb der Waldgrenze lag zwar wieder etwas Neuschnee, wir hatten uns den Zustieg aber besser eingeteilt. Die Schwierigkeit am Grat hatte ich jedoch erheblich unterschätzt. Ich kannte den Grat ja noch von meiner Erstbesteigung mit Sepp im Sommer, aber daß sich die Verhältnisse so arg ändern würden, hätte ich nie gedacht. Trotzdem gelang uns der Weg, »den keine Gemse, geschweige denn ein Jäger betreten könne«. Die erste Winterbesteigung der Großen Windschar über den Nordgrat war geglückt.

Um schneller wieder im Tal zu sein, beschlossen wir, von der Grubscharte aus die nordseitige Schneerinne auf dem Hosenboden abzurutschen.

Nachts konnte ich vor lauter Glückseligkeit nicht schlafen. Kaum dämmerte der Morgen, holte ich das Fernrohr und sah vom Fenster hinüber zu »meiner« Windschar, vielleicht könnte ich sogar noch unsere Spuren im Schnee erkennen. Eine gewaltige Lawine aber war inzwischen die Schneerinne unterhalb der Grubscharte hinabgedonnert und hatte unsere Abstiegsspur ausgelöscht.

»Hast du gestern am späten Nachmittag auch das Krachen gehört?« fragte mich meine Schwester beim Frühstück, »nur gut, daß sich da drüben nie jemand aufhält. Schön dumm müßte der sein – gewiß würde er erst im Hochsommer ausapern.«

»Ähm nein, ich habe nichts von der Lawine gehört«, ich kaute kleinlaut am Butterbrot, »ich war ... ich war mit Hubert und ein paar Mädels unterwegs.«

»Schön dumm müßte der sein« – wie eine hüpfende Schallplatte klang es noch eine Weile in mir und übertönte mein beflügeltes Herz.

Zahnweh …

… subjektiv genommen,
ist ohne Zweifel unwillkommen.
W. Busch

Am selben Bau trafen wir Tage später Erich, den Malerlehrbub, und merkten bald, daß auch er das »Fieber« hatte. Wir waren daraufhin den ganzen Winter in den Bergen unterwegs und machten unsere »persönlichen Erstbegehungen«.

Hubert und Erich faszinierte die Hochgall-Nordwand, ständig drängten sie, die Winterbesteigung zu wagen. Viele kalte, schneereiche Wochenenden aber verplemperten wir mit anderen Zielen, und unversehens stand der Frühling vor der Tür. Der 20. März, der letzte Termin, der für eine Winterbegehung noch »gilt«, fiel auf einen Samstag, aber gerade an dem Tag hatte ich eine unaufschiebbare Verpflichtung. So ging sich's gerade aus, am Abend bis zur Hochgall-Hütte zu gehen, auch wenn wir wußten, daß die Besteigung der Hochgall-Nordwand tags darauf nicht mehr als Wintertour zählen konnte.

Zwei Stunden nach Mitternacht waren vergangen, als ich Erich fluchen hörte und ihn fragte, was los sei.

»Höllische Zahnschmerzen hab ich«, jammerte er.

Nun, auch ich hatte so einen Poltergeist oben rechts, seit Wochen schon meldete er sich in Wellen immer wieder. Auch mein Schmerz konnte nicht schlafen, und ich noch weniger.

Während ich Erich tröstete, kroch Hubert aus dem Bett und grantelte: »Ihr glaubt wohl, mir geht es besser! Aber da wir eh alle wach sind, schlag ich vor, wir brechen auf zur Nordwand.«

Stumm stapften wir durch die Stille, jeder hatte mit Zahnweh und Tiefschnee zu kämpfen, doch keiner traute sich Schwäche zu zeigen.

Als es dämmerte, waren wir beim Einstieg zur Nordwand. Wenigstens sie präsentierte sich in Traumverhältnissen, und bis kurz vor dem Gipfel brauchten wir nicht einmal die Steigeisen anzuschnallen.

Trotzdem: Die Tour, die die Krönung werden sollte, wurde zur schmerzvollsten des ganzen Winters. Und

»Krönung« war leider auch bei mir keine machbar, denn nur mehr eine Radikallösung half bei der Sanierung des Ruinenfeldes in meinem Mund.

Speedy Gonzales

Am Großvenediger gelang Werner und mir eine Erstbesteigung, unsere neue Route führte links des Nordpfeilers über den Hängegletscher. An sich nichts Besonderes, und ich hätte die Tour sicher längst vergessen, hätten wir beim Abstieg nicht eine Begegnung der besonderen Art gehabt.

Wir waren auf dem Rückweg zur Kürsinger Hütte auf etwa 3200 bis 3000 m Meereshöhe, als inmitten des riesigen Gletscherfeldes ein dunkles Bällchen auf uns zukam. Im Näherkommen erkannten wir eine Schneemaus, die, kugelrund und mit dichtem Pelz, munter Richtung Gipfel wanderte. Sie beachtete uns gar nicht, ließ sich von nichts ablenken und benutzte zielstrebig den »Normalweg«. Die Menschenspuren waren im Vergleich zu ihrem Körper so groß wie leere Schwimmbecken, aber unbeirrt trippelte sie in einen Fußtritt hinein, am anderen Ende wieder heraus, in den nächsten Tritt wieder hinein und so weiter.

Ein paar Zentimeter daneben wäre die Schneefläche unberührt und eben gewesen, sie aber bevorzugte die mühsame »Berg-und-Tal-Route« der menschlichen Fährte.

Flink wie ein Windhauch verschwand das flauschige Pünktchen auch schon bald in der Weite des Gletschers.

Wohin wollte die Maus, und wozu? Die Wege der Schöpfung sind unergründlich – die der Maus waren es nicht minder.

Schlüsselerlebnis

» Wir probieren heute eine Erstbesteigung! « eröffnete ich Mike begeistert bei der Fahrt ins Gadertal.

» Von mir aus «, gab Mike trocken zurück.

An der Ciampac-Südwand hatte ich eine Traumlinie gesehen, unberührt und rein. Zum Einstieg wühlten wir uns durch Geröll und Schotter, was Mike » besonders « liebte. Doch heute kein Lästern und Fluchen, denn die Erstbesteigung lockte.

Nach der ersten Seillänge traf ich auf einen Bohrhaken, was für mich wie ein Schlag ins Gesicht war! Bald darauf steckte ein weiterer Cassinhaken im Fels – wir waren also nicht die ersten hier.

Enttäuschung kroch in mich hinein. Die Spannung und Motivation sackte auf null, und ich wollte nur mehr abseilen. Für eine Zweitbegehung reichte mein Engagement und meine Risikobereitschaft bei weitem nicht.

» Ist ja egal «, tröstete Mike, » klettern wir halt trotzdem weiter, weil's heute so besonders schön ist! «

» Was soll so besonders schön sein heute «, grantelte ich in den Bart, ich hatte keine Lust mehr, in diesem Bruchhaufen herumzuzaubern. Nun gut, tu ich ihm halt den Gefallen und klettere noch eine Seillänge, aber bestimmt nur mehr eine!

Doch bald – kein Haken mehr in der nächsten Seillänge, keine menschliche Spur in den folgenden. Hoffnung keimte in mir, wuchs im Weiterkommen zur Gewißheit, daß wir hier doch die ersten waren. Es wurde eine Niemandswand und immer interessanter und steiler präsentierte sich die gelbe Jungfernroute.

» Wir sind wahrscheinlich in der Schlüsselstelle! « rief ich zu Mike nach unten.

Aufregung und Vorfreude kribbelten in mir wie erste Liebe. Soweit ich die Erinnerungsbilder meiner Traumlinie abzurufen vermochte, mußten wir in der letzten schwierigen Seillänge stecken; danach hätten wir praktisch die Erstbesteigung gemeistert.

Die Finger der rechten Hand in einen Wandriß gezwängt, versuchte ich mit der linken einen Klemmkeil aus dem klimpernden Eisenzeug meines Hüftgurtes herauszufischen, dabei löste sich etwas und sprang in hohem Bogen die Wand hinab.

» Schau genau, wo es hinfällt! « rief ich Mike noch zu und als ich endlich den Klemmkeil aus meinem Rüstzeug gekramt, ihn fixiert und mich damit gesichert hatte, untersuchte ich den Rest der Ausrüstung. Es fehlte nichts, der halbe Eisenladen baumelte in geordneter Unordnung in den Sitzgurtschlaufen.

» Warum sollte ich schauen, wo was hinfällt? « fragte Mike am nächsten Standplatz.

» Irgendwas ist mir aus dem Hüftgurt geflutscht «, antwortete ich, » nur weiß ich nicht was. «

» Dann wird's wohl nichts Besonderes gewesen sein «, Mike gelassen, » aber sag Hans, war das eben die Schlüsselstelle? «

» ... Schlüsselstelle, Schlüssel ... ? « schoß es mir in den Kopf. Er war weg, ja, er war wirklich weg! Ich hatte die blöde Angewohnheit, den Autoschlüssel mit einem Karabiner am Gurt festzumachen und durch die Fummelei muß er herausgefallen sein.

Die wenigen Seillängen zum Gipfel waren unschwierig und wir hatten die Erstbesteigung bald geschafft. Nach kurzem, bescheidenem Erstbesteigungsgipfelglück seilten wir ab und suchten in der Geröllwüste nach dem Schlüssel. Erfolglos.

Trotz Erstbesteigung total deprimiert, latschten wir zum nahen Grödner-Joch-Haus, wo wir uns vorerst die kummervolle Welt durch ein Bierchen erträglicher machten. Im übrigen mußte ich Mike noch schonend beibringen, daß ich weder Reserveschlüssel noch Taxigeld besaß und daß ich versehentlich auch seinen Wohnungsschlüssel mit in meinen Schlüsselbund eingeklinkt hatte.

Ganz spät erst, als ich schon bald nicht mehr wußte, warum ich so betrübt und schwermütig zu sein hatte, nestelte Mike verstohlen in seiner Hosentasche und zog verschmitzt den Schlüsselbund heraus. Spitzbübisch grinste er: »Weil's heute so besonders schön ist ...«

Der zerplatzte Traum

Friedl war grausam. Herzlos konfrontierte er mich mit den Tatsachen und hat dabei noch gelacht. Mein Traum zerplatzte wie eine Seifenblase – wegen eines Nebensatzes.

»Die Wand mit den gefährlichsten Kletterstellen, eine der schwierigsten Führen der Dolomiten«, die »Lacedelli« an der westlichen Fanisspitze/Cima Scotoni nämlich, »die mit Haken, Trittschlingen und einem doppelten menschlichen Steigbaum, und dann mit einem äußerst schwierigen Pendelquergang ...« und so weiter, »und wenn überhaupt, nur mit schier übermenschlicher Überwindungskraft erklettert werden kann« – ach, lassen wir die Beschreibungen der Erst- und Nachbesteiger, beschränken wir uns auf die Tatsache.

Ohne Steigbaum und Übermenschlichkeit gelang mir die erste Alleinbegehung der Route. Gewiß, die 600 m hohe Mauer forderte mich, vor allem mental. Alleingänge sind nun einmal wie ungesicherte Seiltänze zwischen zwei Kirchturmspitzen.

Für Wochen schwebte ich auf Wolke Nummer sieben, zwar nur ganz leise, nur für mich, aber mit meinem erfüllten Traum im Herzen. Dann traf ich Friedl. Zufällig kreuzten wir uns auf der Fahrt zu einer Klettertour. Ungeduldig folgte ich seiner Plauderei, bis ich es nicht länger aushielt:

»Ich habe die Scotoni-Wand gemacht, solo«, erzählte ich ganz aufgeregt, »verstehst du, die erste Alleinbegehung!«

»Soso, hm, ja, gratuliere!« Friedl zupfte am Bart, und wollte das genaue Datum wissen. Dann lehnte er sich zurück und machte eine geheimnisvolle, lange Denkpause.

»Deine Erstbesteigung, schön und gut«, fuhr er fort, »wenn ich nicht eine Woche vor dir dort gewesen wäre. Meine Erstbesteigung, auch schön und gut«, und grinste verschmitzt, »wenn nicht drei Wochen vor mir ein anderer Kletterer dort gewesen wäre ...«

Führungen – Verführungen

Schwarzer Freitag

Visitenkarten hatte ich drucken lassen, Telefon und Terminkalender angeschafft und frohgemut auf Aufträge gewartet. Die Buchungen würden nur so hereinrasseln, wer weiß, ob ich überhaupt alle Verpflichtungen unter einen Hut bringen könnte. (Ein Fingerhut hätte gereicht für die Tourenanfragen in meinem ersten Jahr als Bergführer.)

Meine Traumtouren hatte ich bisher mit Freunden oder solo abgeklappert, nun kamen Wünsche nach Bergführungen, die mich bisher kaum interessiert hatten, ein eigenartiges Gefühl für mich, eine neue Erfahrung.

Auf den Schwarzenstein sollte ich, der zwar so etwas wie der Hausberg des Tales ist, ein klassisches Postkartenbild von Sand in Taufers aus – aber oben gewesen war ich noch nie.

Schläfrig fahre ich also noch im Dunkeln bis zu den letzten Höfen, im Lichtkegel der Stirnlampen stolpern mein Gast und ich bergauf. Bald erreichen wir eine Hütte. Etwas wie »Schwarzbach« entziffere ich auf dem verwitterten Hinweisbrett. Wird wohl heißen »zum Schwarzenstein«. Denke mir, die Daimerhütte an unserem Weg müßte zwar höher liegen, aber was soll's. Ich hatte fast nicht geschlafen vor Aufregung – meine erste Führungstour!

Heller wird der Tag und steiler. Wir im Scheuklappenblick bergauf. Nach der Waldgrenze liegt vor uns ein steiniges Kar. Klar, das Kar, wie auf den Ansichtskarten, fällt mir ein, und links davon der Gipfel.

Links ? Der Schwarzenstein liegt hier ja rechts !

Dilettantisch war mein schlichtes Debüt an jenem schwarzen Freitag, den dreizehnten : Ich hatte das Tal verfehlt ! Noch dazu fiel der Gast am Schwarzbachkees in eine Gletscherspalte und am heiklen Südwestgrat hatte er arge Probleme in schwieriger Blockkletterei.

Nur nichts anmerken lassen !

Am Gipfel sahen wir sie dann daherstampfen, die Heerscharen auf dem Normalweg. Spätestens jetzt bemerkte der Gast meinen Verhauer.

» Und weil's so schön ist, steigen wir gemütlich zur Schwarzensteinhütte ab und durchs Rotbachtal zurück «, überspielte ich schwungvoll meinen Irrtum, » die Route hab ich ganz bewußt so gewählt – so ergibt sich eine herrliche und großartige Überschreitung ! «

Aller Anfang ist schwer

Am Montag stand eine schüchterne, unsichere, zweifelnde Frau um die fünfzig vor mir mit einem einzigen, großen Wunsch : es einmal im Leben zu probieren – das Klettern. Sie wisse zwar, daß sie es sowieso nicht schaffen werde, aber den Ruck, es wenigstens zu versuchen, habe sie sich endlich gegeben.

Am Ende der Woche hatten wir Große Zinne und Falzaregoturm gemacht und eine Ladung voll Selbstsicherheit, Lebensmut und Begeisterung im Rucksack.

Dazwischen lagen technische Grundausbildung, erster Kontakt mit dem Fels, leichte Blockkletterei und kurze Seillängen im 2. und 3. Schwierigkeitsgrad.

Und jede Menge Kratzer und blaue Flecken!

Nicht daß Abschürfungen als unvermeidlich hingenommen werden müßten, aber bis eine saubere Klettertechnik erlernt ist, ist der häufigste Anfängerfehler, alle Körperteile einzusetzen, Knie, Ellbogen, fast noch die Nase zum Einhaken in einen Griff. Mehrere »Veilchen« und Schrammen zierten schließlich Arme und Beine der glücklichen, strahlenden Gipfelstürmerin – als bunte Souvenirs und selbst errungene Trophäen dieser unvergeßlichen Kletterwoche.

Wieder daheim, war die Frau bei ihrem Hausarzt zu einer Routinekontrolle angemeldet. Nach der Untersuchung nahm der Arzt sie zur Seite: »Soweit ist alles in Ordnung, aber«, sagte er, ernster werdend, »Sie können mir ruhig vertrauen. Ich werde die Sache mit vollster Diskretion behandeln. Ihre Flecken und Striemen am ganzen Körper ...«, mit bohrendem Blick, »werden Sie von ihrem Ehemann mißhandelt?«

Hoher Roßhuf

Auf der Rötspitze, einem der höchsten Berge meines Heimattales, haben wir am Gipfel die Wolken gezählt, tags darauf wollten Ingrid und ich zum Hohen Roßhuf nordwestlich davon.

Im Morgendämmern brachen wir auf und erreichten schon bald das Gletscherfeld, das sich wie ein Hermelinmantel zum Umbaltörl herabzieht.

Festgefrorener Firn – Steigeisen anlegen! Ich stibitze noch die restlichen Rumkugeln aus Ingrids Rucksack, während sie angestrengt mit sich und den Steigeisen beschäftigt ist.

»Saggrischer Bub«, zischt sie mich an, »du hast mir über Nacht die Steigeisen verstellt?!«

»Wo fehlt's?« antwortete ich ahnungslos und genußvoll kauend.

»Es geht nicht, die Schuhe passen nicht mehr in die Steigeisen rein, gestern ging's noch!«

»Andersrum!« antwortete ich mit vollem Mund. Typisch Frau, dachte ich für mich. Die Frau werkelte und murkste an sich und den Steighilfen herum, grantelnd und mit schiefem Blick zu mir.

»Andersrum!« wiederholte ich schmunzelnd.

Die Bergkameradin tauschte rechten Schuh mit linken Steigeisen, wechselte wiederum und wurde immer leiser: »Es geht immer noch nicht.«

»Andersrum, liebe Reiterin«, erklärte ich hinweisend.

»Von wegen Reiterin und Hoher Roßhuf, aus der Tour wird heute sowieso nichts mehr.« Sie war nun völlig entmutigt.

»Wir sind da, um auf den Berg zu steigen und nicht auf ein Roß«, platzte ich endlich heraus und konnte mein Lachen nicht mehr verbergen, weil die Frontalzacken ständig nach hinten schauten, »das sind Steigeisen und keine Sporen!«

Das achte Gebot

Geführte Blumen- und Kräuterwanderungen sind beliebte Veranstaltungen von Kultur- und Alpinvereinen, die ortstypische Flora zu bewundern und bestimmen, ein lehrreiches Erlebnis. Der Wanderführer war kurzfristig erkrankt und bat einen Bergführerkollegen, er möge doch bitte einspringen und die Wanderung für ihn machen.

Wandern allein ist das Problem ja nicht, aber das viele Gemüse am Wegesrand! Das Grünzeug soll unterschieden werden nach Blatt und nach Blüte, nach Farbe allein wird wohl zuwenig sein?

Den Bergführer überkam ein gewisses Unbehagen. Die nördliche Schlechtwetterfront stoppte am Alpenhauptkamm, so daß man diesbezüglich keinen Segen von oben erwarten und die Wanderung absagen konnte.

Im Schnellverfahren studierte der Bergführer das Kräuterbuch, aber je mehr er zu wissen und erkennen glaubte, um so mehr wuchs seine Unsicherheit.

Buntblättriger Alpenkräutling oder ähnliche Phantasienamen sich auszudenken wäre eine Möglichkeit, aber die Lösung wohl nicht? Man könnte auch Dialektnamen erfinden und gleichzeitig bedauern, daß einem der hochdeutsche Ausdruck grad nicht einfiele?

»Du sollst kein falsches Zeugnis von dir geben!« flüsterten Gewissen und Unwissen ihm leise aber unaufhörlich ins Ohr. Es blieb nur die Radikallösung: Am Vorabend der Wanderung ging der Bergführer noch schnell die Strecke ab. Alle Blumen, die er nicht kannte, rupfte er ganz einfach aus.

Mo(l)to-Cross

Inmitten der Arena der mächtigen Rieserferner Berge schlendern wir dahin am Arthur-Hartdegen-Weg, einem der beeindruckendsten Höhenwege meines Heimattales. Über uns glänzt der Hochgall in all seiner Mächtigkeit. Es sind die Tage der langen Schatten und kurzweiligen Debatten im Rahmen meiner jährlichen Herbst-Wanderwoche.

Ich erkläre meiner Gruppe die Architektur des Hochgalls mit seiner spektakulären Nordwand, die eine der bekanntesten, klassischen Eiswände der Ostalpen ist, mit einer Neigung bis zu 60 Grad.

Heini Holzer, Südtirols größter Steilwandexperte seiner Zeit, sei die Wand als einer der ersten abgefahren, erzähle ich, vergesse allerdings dazu zu sagen, mit Skiern, weil ich dachte, das wüßte sowieso jeder Berginteressierte.

»Mannomann, nicht schlecht«, ein Herr neben mir reibt sich bedeutungsvoll das Kinn, »sehr interessant, muß schon sagen. Wirklich, phänomenal die Leistung.«

Der Wandersfreund daneben merkt, daß es sich wohl um eine außergewöhnliche Sache gehandelt haben muß, gemessen am Raunen der kopfnickenden Menge.

Zaghaft meldet er sich und stottert schüchtern: »Ähem, Hans, nur eine kleine Frage: Die Steilwand abgefahren sagtest du. Wie? Mit dem Motorrad?«

Auf Schusters Rappen

Ortler- oder Zinne-Nordwand-Führungen waren eher nicht gefragt in meinen ersten Jahren als Bergführer. Eigentlich nur »normale« Berge. Eigentlich auch davon nicht viele. Eigentlich war ich sehr flexibel und führte jede Feld-Wald-und-Wiesen-Wanderung ...

Die Gästegruppe informierte ich am Vortag über das bevorstehende Ziel und notwendige Ausrüstung. Ausdrücklich pochte ich auf gutes, festes Schuhwerk, damit nicht wieder eine Frau in Stöckelschuhen daherstelzte.

Frisch und fröhlich treffen wir uns am Ausgangspunkt, mit Rucksack, Hut und Wanderstock. Steht ein Hüne neben mir in Halbschuhen.

»Is was ... ?« Er sieht mich mit großen Augen an.

»Meinst du schon, diese Schuhe sind geeignet?« Ich mustere ihn, traue mich fast nicht, den Zwei-Zentner-Mann zu tadeln.

»Und ob, das sind die besten Schuhe, die ich besitze.«

»Das mag schon sein, aber in den Bergen trägt man Bergschuhe«, erkläre ich sehr logisch, »und der Weg wird steinig.«

»Das macht nichts, es sind nämlich besonders feste Schuhe, mit integriertem Zehenschutz.«

Wie David stehe ich vor Goliath.

»Es ist erwiesen, und auch meine Firma versichert, daß das die stärksten Schuhe sind«, protzte er.

»Ach so, auch die Firma.« (Ich kleinlaut.)

»Ich arbeite nämlich bei Opel – und das sind Unfallverhütungsschuhe mit Stahlkappen auf den Zehen und Stahlschienen in den Sohlen. Und bestimmt das beste, was es gibt, gegen Steinschlag im Gebirge!«

Falsche Lorbeeren

Beim Abstieg des Torre Grande, des höchsten der Cinque Torri, gibt es eine Variante mit »eingebauter Angstbewältigungstherapie«. Es gilt dabei, völlig freihängend 50 Meter in eine Schlucht abzuseilen. Die dunklen, abweisenden Felswände dramatisieren die schaurige Kulisse und machen sie zum echten Testfall für gute Nerven.

Als ich mit meinen Gästen zum Ausgangspunkt der Mutprobe gelange, steht dort bereits ein ausländischer Bergführerkollege. Mit großen Augen und Schweiß auf der Stirn starrt er mich an, in der Faust hält er ein Seilende, seine Arme zittern. Ohne Seilbremse oder Halbmastwurf liegt das Seil mit einer einfachen Schlinge im Karabiner des Abseilringes, am unteren Seilende in der Schlucht pendelt eine Frau zehn Meter über dem Boden.

Eilends mache ich einen Prusikknoten ans gespannte Seil, fixiere die menschliche Last am Abseilring und baue mit meinem Kletterseil eine Verlängerung. Mein schlotternder Kollege ist weder imstande, mir zu helfen noch den einfachsten Knoten zu knüpfen. Mit einem viel zu kurzen Strick wagte er die Abseilaktion, wer weiß, wie lange er in dieser ausweglosen Position die Frau überhaupt noch hätte halten können ...

Abends in der Cinque-Torri-Hütte treffe ich den zweifelhaften Genossen wieder. Gesenkten Blickes macht er einen großen Bogen um mich. Das Internationale Bergführerabzeichen steckt nicht mehr an seinem Pullover, vieleicht hatte er es nur irgendwo gefunden oder mitgehen lassen. Ich hoffe es für ihn.

Die Verwechslung

In meinen ersten Jahren als Bergführer sollte ich einen Gast auf einen der Sellatürme führen. Seinen Namen hatte ich vergessen aufzuschreiben, aber da wir als Treffpunkt die Valentini-Hütte vereinbart hatten, war das nicht weiter schlimm.

Früh am Morgen und überpünktlich betrat ich die Gaststube der Schutzhütte. Die Wirtin wies mich gleich an einen Ecktisch und sagte, der Mann dort warte auf einen Bergführer. Ein redefreudiger Italiener fing sofort an, von der herrlichen Gegend zu schwärmen und daß er schon gespannt sei auf die Tour. Meine Italienischkenntnisse waren damals bescheiden, aber mit der rustikalen Methode, nämlich mit Händen und Füßen, ging's bestens.

Wir packten die Rucksäcke, und ich fragte den Gast, ob er Klettergurt und Helm dabei hätte. Er verneinte und sah mich mit großen Augen an. Ich dachte mir nichts weiter und holte ihm die fehlende Ausrüstung aus unserem Hüttendepot.

Als ich ihm unser Kletterziel, den Dritten Sellaturm zeigte, wurde der Mann sehr schweigsam. Beim Anmarsch zum Einstieg versuchte ich etwas zu plaudern, um ihn von seinen sichtlich trüben Gedanken abzulenken. So fragte ich, wie er auf meine Alpinschule gestoßen sei. Gestern sei er ins Büro des Tourismusvereins von Wolkenstein/Gröden gegangen, erzählte er mir kleinlaut, und habe sich für diese leichte Wanderung angemeldet.

Für welche Wanderung? Wovon sprach der gute Mann?

»Für den Friedrich-August-Weg rund um den Langkofel«, antwortete er schüchtern.

Du hast den falschen Fisch an der Angel, schoß es mir durch den Kopf!

Ein Grödner Wanderführer wartete in der Valentini-Hütte schon ungeduldig auf meinen Gast. Neben ihm stand ein bis an die Zähne ausgerüsteter Kletterstratege.

Udo & Monika

Udo und Monika aus Deutschland sind Gäste der Alpinschule und über die Jahre meine Freunde geworden. Viele frohe Stunden haben wir gemeinsam verbracht, beim Trekking, Klettern und Feiern.

Auf einer Trekkingtour in Mustang kamen wir nach einigen Stunden anstrengenden Wanderns zu einer Stelle, an der unser Weg von einer Mure abgeschnitten und verschüttet war. Gezwungenermaßen mußten wir die Geröll- und Schlammlawine queren, aber es war nicht weiter schwierig. Ich wanderte mit dem Anführer der Sherpa voraus, als er fragte, ob wir auf unsere Gäste warten und ihnen über die Mure helfen sollten. »Aber nicht auf Udo und Monika! Wir sind schon so viele Sachen in den Dolomiten geklettert, die schaffen das locker«, antwortete ich und ging weiter. Bald hörte man ein dumpfes Rumpeln, Udo schmierte die ganze, matschige Mure hinab und landete im eiskalten Gebirgsbach.

Der Sherpa-Chef blieb stehen, rieb sich das Kinn und meinte vielsagend: »Soso, das sind die guten Kletterer, verstehe.«

Manaslu-Trekking, 1. April: Ich wurde auf den besonderen Tag gar nicht aufmerksam, dafür aber andere! Nach langer Wanderung saßen wir abends im Essenszelt, es duftete köstlich und mir lief schon das Wasser im Mund zusammen. Der ganze Küchenstab reihte sich mit ernster Miene vor uns auf, Chef-Koch und Küchengehilfen, Hosennaht an Hosennaht, wie bei einem Staatsempfang. Mit feierlicher Miene stellte der Koch den Suppentopf auf den Tisch, und bat mich, die »original nepalesische Sherpasuppe« zu verkosten.

Mir kam die festliche Zeremonie zwar schon etwas seltsam vor, ich dachte mir aber nichts weiter, und schlürfte einen Löffel voll von der Spezialität. So gut, wie die Suppe geduftet hatte, war sie nicht, eigentlich schmeckte sie grauslich. Da ich aber nicht unhöflich sein wollte, würgte ich die Brühe hinunter und meinte verlegen, daß der Geschmack etwas ungewohnt und exotisch sei, aber eigentlich ganz gut.

»Erster April!« schrie daraufhin die ganze Truppe und lachte sich schief und krumm. Die Kreation des Hauses war Grassuppe: aus kochendem Wasser, Gras und mit ein paar Würmern als Einlage.

Keuchend stürmte ich aus dem Zelt und steckte den Finger in den Hals. Auf wessen Mist die Idee gewachsen war, brauchte ich gar nicht zu fragen ...

Nach einer Klettertour an den Sella-Türmen kehrten Monika, Udo und ich im Grödner-Joch-Hospiz zu einer kleinen Erfrischung ein.

Sogleich spendierte uns der Wirt zur Begrüßung eine Runde Zirmschnaps (eine Südtiroler Spezialität, für die die Zapfen der Zirbelkiefer in Schnaps angesetzt werden). Bei einer stürmischen Handbewegung stieß Udo sein Glas um und der gute Saft rann dahin. Der Wirt schenkte ihm nach, aber Udo rutschte das Glas erneut aus den Fingern.

Der Wirt musterte ihn seltsam, glaubte wohl, Udo habe schon einen Riesenhirsch in der Krone. Auch mir war die Sache peinlich und ich überspielte die Situation mit Witzen.

Der Wirt schenkte Udo zum dritten Mal ein. Nun wollte Udo es besonders gut machen, faßte das Glas ganz vorsichtig, setzte an zum Trinken – im selben Augenblick mußte Monika niesen, gab ihm versehentlich einen Schubs, und der hochprozentige Trank landete schon wieder auf den Tisch.

Genervt stand Udo auf, ging zur Theke, um seine »Ausschüttungen« zu zahlen, und wollte nur noch weg. Als er sich umdrehte Richtung Tür, stand hinter ihm die Kellnerin mit einer Ladung voller Bierkrüge in der Hand. Mit Schwung erledigte Udo auch noch diese »Ausschüttungen« und entfernte sich, ohne Blick zurück.

Es gibt Tage, an denen sich das Aufstehen nicht lohnt. Ich hatte mir eine Grippe geholt und überhaupt keine Lust auf Berge. Allerdings war der Termin mit Udo und Monika schon seit langem festgelegt, und da ich sie nicht enttäuschen wollte, holte ich sie in aller Herrgottsfrühe im Hotel ab. Zwei blasse Gestalten kamen mir entgegen, die beiden hatten mit Einheimischen gefeiert und eine kurze Nacht hinter sich. Doch niemand von uns dreien traute sich, Schwäche zu zeigen, und wir fuhren los Richtung Falzarego-Paß.

Udo war meine Fahrweise unbehaglich – ein Schleudertest war nichts dagegen –, mit eingezogenem Hals verkeilte er sich regelrecht auf dem Rücksitz und riß in den Kurven fast die Haltegriffe aus den Verankerungen. Monika war selig: »Siehste Udo, so fährt man in den Bergen!«

Am Paß angelangt, wanderten wir zum Einstieg der »Via del Buco« am Lagazuoi. Udo war noch blasser als vorher und schlüpfte mißmutig in seine Kletterausrüstung. Monika hatte als einzige von uns dreien Lust zum Klettern, allerdings schimpfte auch sie bald vor sich hin, während sie in ihrem Rucksack wühlte. Ihr Klettergurt war nicht zu finden, obwohl sie strikt behauptete, ihn eingepackt zu haben.

So mußten wir wohl oder übel unser Unternehmen abblasen und strauchelten unverrichteter Dinge zurück. Als Udo beim Auto seine Kletterausrüstung ablegte, merkte er, daß er sich in seiner Zerstreutheit zwei Klettergurte umgebunden hatte, seinen eigenen und natürlich den von Monika.

Nochmal zurück zum Einstieg? Dafür fehlte mittlerweile allen die Energie und wie gesagt: Es gibt Tage ...

Der Bär

Mit einem Ehepaar wollten wir am Westturm der Cinque Torri den »Weg der Bergführer« machen. Ich war in letzter Zeit öfters dort gewesen und wußte, daß gerade ein Filmteam in der Gegend war und Sequenzen für den Spielfilm »Der Bär« unter der Regie von Jean-Jacques Annaud drehte. Auf dem erdigen Steiglein zum Einstieg sah ich auch schon den Fußabdruck eines Bären und zeigte ihn meinen Gästen, die ich von früher so gut kannte, daß ich ihnen trotz der bevorstehenden Tour einen kleinen Psychothriller zumuten konnte.

Ich setzte also eine tragische Miene auf und erzählte mit tragender Stimme, daß in den Dolomiten, und besonders in diesem Gebiet, in letzter Zeit Bären gesichtet wor-

den seien. Meine Gäste lachten nur und meinten, der Fußabdruck könne genauso gut von einem Bernhardiner oder einem anderen großen Hund stammen.

Ich legte mein Gesicht in noch ernstere Falten und erklärte, hier handle es sich hundertprozentig um eine frische Bärenspur. Wie ein Professor hielt ich mein Referat und betonte, seit dem Fall der Grenzen kämen die Bären aus dem

Osten zu uns. Besonders aus Slowenien seien viele Braunbären hergezogen, aber auch Luchse und sogar Wölfe. Die Wölfe seien eher selten, aber Bären wären mittlerweile gar einige hier.

Meine Gäste wurden immer stiller und nachdenklicher, und ich erkannte mit Genugtuung die Wirkung meiner Worte. Beim Einstieg angelangt, ging ich die erste Seillänge schon mal voraus und sagte zu meinen Gästen, sie sollten in der Zwischenzeit ihre Ausrüstung anlegen und dann nachkommen.

Ungeduldig wartete ich am Standplatz, sah wie das Ehepaar immer noch am Herumnesteln war und rief nach unten:

»Wenn ihr euch nicht mehr beeilt, kommt bald wirklich ein Bär und frißt euch auf!« Und im selben Moment bog tatsächlich ein wuchtiger Braunbär um den Felsen!

In Panik flüchteten die Gäste einige Klettermeter die Wand empor. Leider sahen sie bald darauf auch den Mann, der hinter dem Bären ging. Der Tiertrainer machte nämlich in einer Drehpause einen Spaziergang mit dem Zirkustier – und so flog mein ganzes Märchen auf.

Der Flaschenzug

Verdächtig sah der Kamerad schon aus, mit niegelnagelneuen Kletterpatschen und blitzblankem Helm, wie frisch aus dem Katalog. In den Klettergurt schlüpfte er verkehrt herum und den Anseilachter kannte er auch nicht. Wird wohl die Aufregung sein, dachte ich mir, klar, daß der Mann am Einstieg zu seiner Traumtour nervös ist.

Schon seit langem war er mir mit seinem Wunsch in den Ohren gelegen, die Peitler-Nordwand gehen zu wollen. Ich versprach ihn zu führen, sofern er vorher einen Grundkurs besucht und einige Klettertouren gemacht hätte. Er erzählte von vielen klassischen Dolomitentouren, die er mit einem Freund durchstiegen hatte, und so marschierten wir los.

Nicht der geborene Kletterer, dachte ich mir. Zaghaft und unkoordiniert waren seine Bewegungen, doch er klopfte große Sprüche, meinte, es liefe ja wie geschmiert.

» Ich bin jetzt in der Schlüsselstelle «, rief ich ihm zu, » beobachte genau meine Griffe und Tritte ! « Gleich darüber machte ich den Standplatz und baute einen Flaschenzug ein, in weiser Vorahnung der kommenden Probleme.

» Die Stelle sieht ja einfach aus. « – Sein erster Kommentar.

» Gib mir etwas Zug am Seil, bin heut nicht in Form. « – Sein zweiter.

» Ziiieh, Hans ziiiieh ! ! ! « schrie der Mann schließlich wie am Spieß. Er konnte nicht wissen, daß ich längst schon zog, was ich konnte.

Wie aufgemalt klebte er in der Wand, tat keinen Millimeter vor noch zurück.

Der letzte Ausweg in solchen Situationen ist der sogenannte Schweizer Flaschenzug mit doppelter Übersetzung, er wird vor allem bei der Bergrettung angewendet. So gelang es schließlich, den Kerl hochzuhieven.

Am Gipfel war mein Gast eher kleinlaut, sobald er aber wieder festen Almenboden unter seinen Füßen spürte, gab er von neuem Gas : » War prima die Tour, und gar nicht schwierig, die Schlüsselstelle ging auch ganz leicht. « Und einige Takte später : » Ich bin heut zum ersten Mal in meinem Leben geklettert, hab dich angeschwindelt, Hans ... «

Die Weisen aus dem Alpenland

Die Pechsträhne

Eines Sommers fragte mich Werner, ob ich Lust auf eine Eiswand hätte. Lust hatte ich, aber keine Ahnung. Eine richtige Eiswand kannte ich nur von Fotos. Trotzdem stimmte ich sofort zu und ebenso schnell rannte ich ins nächste Sportgeschäft, um mir Steigeisen zu kaufen, die endlich ihren Namen verdienten. Für einen Pickel fehlte das Kleingeld, aber da ich in unserer Scheune ein ähnliches Arbeitsgerät fand, glaubte ich damit das Problem gelöst zu haben.

Der Starttermin war nicht ausgemacht, aber als wir uns zufällig auf einem Wiesenfest in Sand in Taufers trafen,

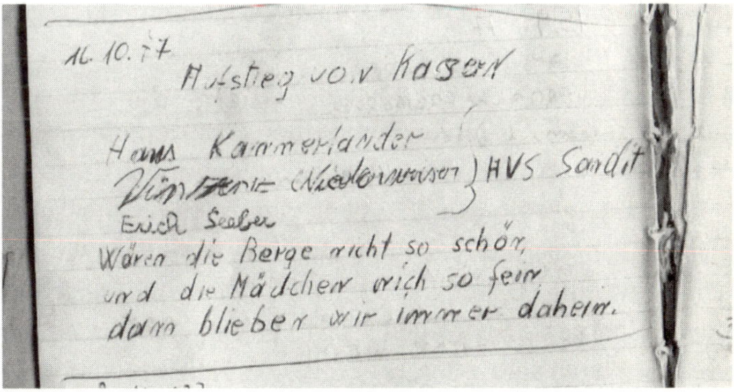
16.10.77
Aufstieg von Kasern
Hans Kammerlander
Erich Seeber
Wären die Berge nicht so schön,
und die Mädchen nicht so fein
dann blieben wir immer daheim.

Eintrag im Gipfelbuch der Dreiherrenspitze (3499 m) vom 16.10.1977

unser Stimmungspegel die oberste Markierung erreicht hatte und dazu noch Hochdruckwetterlage herrschte, beschlossen wir, frisch weg vom Fest zur Nordwand des Großen Möselers aufzubrechen.

Ich war aufgeregt, weil ich keine Ahnung hatte, was auf mich zukommen würde, und schweigend schritten wir der Möseler-Scharte zu. Sobald Werner meinen sogenannten Eispickel sah, war die Ruhe dahin. Ob ich auf Goldsuche ginge oder die Zillertaler niederhauen wolle, war Werners Kommentar, mit so einem schweren und stumpfen Gerät könnte ich höchstens zum Straßenbau, aber nicht in eine Eiswand. Michl, der auch mitgekommen war, tröstete mich zwar, aber als wir dann vor dem imposanten Firndreieck des Großen Möseler standen, rutschte mir das Herz in die Hose.

Werner stieg im Vorstieg in die Wand, ich sah ihm bewundernd nach. Unsicher und gehemmt tappte ich hinterher, und so war es nur eine Frage der Zeit, bis ich die Steigeisen zu unsauber setzte und abrutschte. Mit meinem stumpfen Gartenpickel fand ich keinen Halt im Eis und pendelte nach einem Quergang die 30 Meter zurück zu meinem Ausgangspunkt. Dabei bohrte sich eine Steigeisenzacke in meine linke Wade und das Blut rann dick und feucht in meinen Schuh.

Schreck und Schmerz durfte ich nicht zeigen, verband notdürftig die klaffende Wunde und stieg erneut in die Wand ein. Von da an war Werner anders, mein Eintrittspreis in den Klub der Eisgeher war bezahlt. Nur mein Lehrgeld noch nicht. Die Wand wurde steiler, Werner schlug wuchtig seinen Pickel ins Eis und stieg empor mit der Geschmeidigkeit einer Katze. Fasziniert schaute ich ihm zu, klebte selbst wie ein Frosch in der Wand und achtete nicht auf die herabstürzenden Eisschollen seines Pickels. Wiederum war es nur eine Frage der Zeit, bis eine davon mein Handgelenk traf und die Uhr zerschlug, die ich erst vor ein paar Stunden von einem Bekannten am Wiesenfest ausgeliehen hatte.

Während die Unglücksfee Mittagspause machte, schafften wir den Rest der Wand problemlos bis zum Gipfel. Der Abstieg auf dem Normalweg war nicht schwierig, aber lang, und mit der ersten vollbrachten Eiswand meines Lebens im Herzen, strotzte ich dermaßen vor Glück und Freude, daß ich gegen jeden Unstern immun wurde.

Also mußte Werner dran glauben: Bei der Überquerung eines Gletscherbächleins tänzelte er von einem Stein zum nächsten, rutschte beim übernächsten aus und landete der Länge nach im eisigen Naß. Dabei fiel auch die Windjacke ins Wasser, die er nur übergehängt hatte, und sie schwamm flugs davon, natürlich samt Autoschlüssel und Geldtasche.

Bis wir zum Ausgangspunkt, der Jausenstation am Neves-Stausee, kamen, war Werner wieder einigermaßen trocken, Michl konnte noch ein paar Lire zusammenkratzen und so rief Werner seinen Vater an, mit der Bitte, ihm die Reserve-Autoschlüssel zu bringen.Nur ein die Berge liebender Vater legt Knall und Fall alle Arbeit zur Seite und setzt sich ans Steuer seines fabrikneuen Wagens um seinem Sohn aus der Patsche zu helfen.

Wir warteten schon ungeduldig am Straßenrand und winkten von weitem Werners Vater zu, als wir ihn die steile Bergstraße herauffahren sahen. Und weil die Unglücksfee immer noch übermütig war schickte sie gleichzeitig eine Herde Kühe daher. Die Viecher sahen den schmucken Schlitten und waren so angetan davon, daß sie die ganze Autoflanke rammten und mit den Hörnern den Silberlack zerkratzten ...

Morgenrot

Morgenrot bedeutet Schlechtwetter. Meistens. Nicht aber für uns. Uns kann nichts passieren. Wir sind jung und stark ...

... und dumm und unerfahren. Im nachhinein erkannte ich den Auslöser der folgenschweren Pannenserie, und viele Jahre später erst traute ich mich überhaupt, die Geschichte zu erzählen.

Morgenrot also begleitete uns auf der Fahrt durchs Gadertal zum Würzjoch. Erich und ich wollten trotzdem was Großes machen, die Winterbegehung der Messner-Führe in der Nordwestwand des Peitlerkofels. Es war föhnig, und bereits beim Zustieg mit den Skiern kamen wir tüchtig ins Schwitzen. Für einen Jännermorgen war es geradezu heiß, und so beschlossen wir, die warmen, voluminösen Daunenjacken beim Skidepot des Wandfußes zurückzulassen. Die Wand war relativ eisfrei und am späten Vormittag hatten wir bereits das erste Drittel, gute 200 Höhenmeter hinter uns. Der schwierigste Teil aber stand noch bevor.

Bei Erreichen der Wandmitte, die durch ein ausgeprägtes Band charakterisiert ist, machte ich an einem Felsblock Stand und wartete auf Erich im Nachstieg. Als er mich fast eingeholt hatte, brach ihm plötzlich ein Griff aus und er pendelte am Seil ins Leere. Der Felsblock, um den ich die Sicherung angebracht hatte, tat durch den Belastungsdruck einen Ruck zur Seite, verkeilte sich aber zum Glück im Untergrund und hielt. Aus dem Lehrbuch war mein Standbau wahrlich nicht, sondern eine Schlamperei. Nur – bei Erich mußte man praktisch nicht mit einem Sturz rechnen, und wenn jemand meint, der Vorfall hätte ihn in irgendeiner Weise beeindruckt, dann täuscht er sich. Grinsend erreichte er den wackligen Standplatz, kletterte an mir vorbei und im Vorstieg weiter zum Beginn der schwierigen Verschneidung. Dabei blickte ich ständig auf Erichs halbnackten Rücken. Für die damalige Mode war Erich nämlich vorschriftsmäßig gekleidet, mit engen Jeans und tailliertem, kurzgeschnittenem Pullover, berggemäß allerdings war das weniger. Und als ich Erich so halbnackt vor mir klettern sah, spürte ich, wie die Kälte mittlerweile in mich kroch. Der Föhn war zusammengebrochen und eine dunkle Wolkendecke hatte sich über uns zusammengebraut. An der Schlüsselstelle im Schwierigkeitsgrad VI traf es wieder mich, im Vorstieg zu klettern. Ich war aufgeregt, wußte aber, daß wir danach aus dem Gröbsten heraus wären. Oder glaubte es zumindest.

Die Schlechtwetterwolken beobachtete ich nur aus dem Augenwinkel, weil ich mir einbildete, sie sähen so weniger bedrohlich aus. Wir waren nicht gerade schnell unterwegs mit den klobigen, rutschigen Bergschuhen, die heutzutage bestenfalls in ein Alpinmuseum passen würden, und schon bald begann es zu graupeln. Bis ich die Schlüsselstelle gemeistert hatte und Erich mir nachgestiegen war, befanden wir uns mitten im Schneegestöber.

Der Wettlauf gegen das Schneetreiben begann. Wir kletterten, vielmehr rannten, nun gleichzeitig im IVer-Gelände hinauf, zum Abschluß des gelben, großen Überhanges kurz unterhalb des Gipfels. Eine Plattenzone und ein kleines Dach hieß es noch zu überwinden. Heftiger Schneesturm setzte ein, sauberes Steigen war mittlerweile fast unmöglich geworden und die eisigen Platten wuchsen zum unüberwindbaren Hindernis. Ich kletterte mit äußerster Konzentration, wissend, daß ich meine persönliche Risikoschwelle längst überschritten hatte. »Ich muß es schaffen, wir sind nurmehr zwei Seillängen unterhalb des Gipfels«, sprach ich mir selbst Mut zu.

Ich schaffte es nicht. Es war vier Uhr nachmittags und nichts ging mehr. Im Tal sahen wir durch die Wolkenfetzen die Lichter angehen, die die Nacht des 6. Jänners einleuchteten.

Rückzug: Es gelang, uns an den inzwischen steif gefrorenen Seilen über zwei Seillängen die Wand hinunterzuhangeln, doch dann gingen uns die Felshaken aus. Die alten Haken in der Wand waren mittlerweile eingeschneit oder zugeeist und nicht mehr zu sehen. Verzweifelt suchte ich nach einer Standplatzmöglichkeit. Erich wühlte in seinem Rucksack und fand einen Cassin-Bohrmeißel. Unsere Rettung! Wir freuten uns, so gelänge uns schon einmal die weitere Flucht hinunter zum Band in der Wandmitte.

Nach mühseliger Arbeit hatte ich das Loch fertig und versuchte, mit vor Kälte steifen Händen den Bohrhaken hineinzustecken. Ich fluchte, weil ich mir so tollpatschig vorkam, bis ich merkte, daß es nicht gelingen konnte: Der Haken konnte gar nicht passen, weil er ein anderes Fabrikat und dadurch einen anderen Konus besaß, er leierte im Bohrloch wie eine zu dünne Schraube in einem zu großen Dübel.

Ich hatte aufgehört zu denken und zu fühlen, legte eine Perlonschlinge um den dünnen Stahlstift, der nur lose im Bohrloch lag und hängte die Seile ein, ließ mich vorsichtig daran hinabgleiten ins bodenlose Dunkel. Am wackeligen Stift hing unser Leben, oder das, was davon nach der ganzen Schinderei noch übrig geblieben war.

Es gelang uns, das Band in der Wandmitte zu erreichen und dort ein notdürftiges Biwak einzurichten. Die Daunenjacken, die wir dringend benötigt hätten, lagen sicher verstaut am Wandfuß. Der alte Biwaksack war der einzige Windschutz, wir hatten keine Wechselkleidung und alles, was wir am Leib trugen, war völlig durchnäßt. Und einen Kerzenstummel hatten wir noch. An seiner kleinen Flamme versuchten wir uns die Hände aufzuwärmen, bis uns auch noch der halbe Biwaksack abfackelte.

Es wurde eine der schlimmsten Nächte meines Lebens.

»Ob wir aus dieser Schneehölle überhaupt noch einmal heraus kommen?« fragte mich Erich leise. Erich, der ewige Optimist, der auch in den schlimmsten Situationen immer die Nerven behielt und einen Ausweg sah. Um ehrlich zu sein, auch ich zweifelte und verbrachte eine nicht enden wollende Nacht mit angstvollen Gedanken.

Am Morgen schlüpfte Erich aus seinen Schuhen, er spürte die Zehen nicht mehr und wollte sie sich warm reiben. Dabei machte er eine ungeschickte Bewegung und schon rutschten die Schuhe über den Schnee davon. Geistesgegenwärtig tauchte ich hinterher und konnte im letzten Moment den Schnürsenkel eines Schuhes fassen, der des anderen Schuhes verfing sich zum Glück darin und so erwischte ich gerade noch beide Schuhe. Nicht auszudenken, wenn Erich nur mit handgestrickten Socken an den Füßen den Abstieg hätte fortsetzen müssen.

Im unteren Wandteil fanden wir immer wieder natürliche Sicherungsmöglichkeiten, und so gelang es uns am nächsten Tag, bis zum Wandfuß abzuseilen. Als böse Dreingabe erwischte mich dort noch eine Lawine, und Erich konnte mich gerade noch am Seil halten. Es dämmerte bereits wieder, als wir am Würzjoch meinen tief eingeschneiten Fiat 600 mit den Händen freigeschaufelt hatten. Ganz gerettet waren wir aber immer noch nicht, der Benzintank war fast leer, ich wußte das. Und ich wußte auch, daß an diesem Tag ein genereller Tankstellenstreik ausgerufen war. Normalerweise wären wir ja bereits am Vortag wieder zurückgewesen, so aber wurde meine Nachlässigkeit, immer bis zum letzten Tropfen zu fahren, zum nächsten Problem.

Aber zunächst hatten wir erst mal wieder ein Dach überm Kopf, und das war für uns schon ein kleines Stück Zuhause. Der Fahrweg war zugeschneit und immer wieder versanken die Räder des 600ers im tiefen Schnee. Teils auf dem Unterboden des Fiats dahin rutschend, teils rollend, teils schiebend erreichten wir die erste Ortschaft Untermoi, ab dort wurde die Straße besser. An den abschüssigen Strecken schaltete ich den Motor ab, um Benzin zu sparen.

Es war schon dunkel, als wir das nächste Dorf, St. Martin in Thurn, passierten, und wir kamen gerade noch zum Ortsausgang, als der Wagen zu stottern begann und den Geist aufgab. Ein paar Meter weiter wäre eine Tankstelle gewesen, aber was nützte uns die, sie war ja zu. Ziemlich niedergeschlagen und erschöpft stiegen wir aus und gingen zur nahe gelegenen Hauptstraße, um dort per Anhalter weiterzukommen. Wir waren am Ende unserer Kräfte und wollten nicht noch eine Nacht in der Kälte verbringen. Ein wärmendes, komfortables Biwak war meine alte Blechkiste gerade nicht, ein Taxi konnten wir uns sowieso nicht leisten, und an ein Gasthaus war gar nicht zu denken.

Als wir uns Richtung Hauptstraße der Tankstelle näherten, sahen wir dort Licht, und als wir auch begriffen, was das heißt, rannten wir los. Der Tankstellenpächter drehte gerade den Schlüssel im Schloß, um Feierabend zu machen. Für den Generalstreik hatte er sich nicht interessiert, zu unserem Glück. Wir erzählten von unserer Panne und baten, ob er uns nicht noch ein paar Liter Benzin geben könnte.

»Aber selbstverständlich«, entgegnete er mit einem herzlichen Lächeln. Er klang für mich wie ein höheres, gütiges Wesen, wie einer, der die Macht hatte, uns dem ewigen Chaos zu entreißen. Übermütig stürmten wir zurück zum Auto und schoben es bis zur Tankstelle – und wenn ich heute an ihr vorbeifahre, empfinde ich immer noch ein unwahrscheinliches Glücksgefühl.

Das Morgenrot hatte ich am Tag unserer großen Winterexpedition unterschätzt. Heute würde ich bereits bei den ersten Anzeichen eines Schlechtwettereinbruchs die Aktion abbrechen und den Rückzug beginnen. Damals aber hieß es für uns immer weiter, stur weiter hinauf, Umkehren war wie Scheitern und Scheitern soviel wie »sich vor der ganzen Welt schämen müssen«.

Noch vor der Krokusblüte auf den Almen stiegen wir wieder hinauf in die Nordwestwand des Peitlerkofels. Fast unser gesamtes Ausrüstungsmaterial hatten wir bei dem überstürzten Rückzug ja zurücklassen müssen, und der Reihe nach sammelten wir die Felshaken und Nägel ein, wir hatten kein Geld für neues Material. Beim Biwakplatz hingen noch Karabiner und Klemmkeile. Den dünnen Eisenstift aber, an dem wir unsere kriminelle Abseilaktion riskiert hatten, fanden wir nicht mehr. Ihn hatte wohl der nächste Windstoß aus der Wand geblasen.

Weise Reden

Mike ist ein erfahrener Bergrettungsmann und ein ausgezeichneter Kletterer. Sein Pflichtbewußtsein artet aber manchmal aus, und bei Privattouren schleppt er immer viel zu viel an Ausrüstung (und Unnötigem) mit. Wir wollten zur Rötspitze, und vor dem Abmarsch riet ich

ihm, doch wenigstens einen Teil seines überflüssigen Krams im Auto zu lassen.
» Man weiß nie, wann man was braucht «, antwortete Mike umsichtig und stob auch schon davon Richtung Röttal.

Sein Rucksack wog bestimmt doppelt so viel wie der meine, trotzdem vermochten wir ihm kaum zu folgen. Mike war lange vor uns auf der Lenkjöchlhütte angekommen. Leichenblaß saß er auf einer Bank und verschwand kurz darauf auf dem Klo. Dass er sich übergeben mußte, weil er doch zu hastig seinen Berglauf angetreten hatte, erzählte er uns erst viel später.

Mißmutig blickte er zum Himmel und meinte, daß es eigentlich keinen Sinn mehr habe, noch zur Rötspitze weiterzugehen. Ich aber war überzeugt, daß das Wetter noch bis abends halten würde, und auch Brigitte und Rosi hatten keine Lust, die Tour an der Hütte zu beenden.

Nach einer kurzen Rast schritten wir also gemächlich weiter Richtung Rötspitze, Mike schlich ziemlich lustlos hinterher. Nach kurzer Zeit kam eine Gruppe Bergsteiger flott nach, und als wir uns mitten in der steilen Gletscherflanke vor dem Grat befanden, zog sie auch noch freundlich grüßend an uns vorbei.

Das war zu viel für Mikes Bergsteigerehre ! Auf einem heimatlichen Berg überholt zu werden, noch dazu von Touristen, das war entschieden zu viel !

» Guckt euch diese Spinner an «, maulte er, » rennen hinauf wie die Verrückten ! «

(Wie kurz war doch sein Gedächtnis !)

» Und habt ihr die Schuhe von denen gesehen ? Ganz leichte Trekkingschuhe ! Von einem Gletscher haben die ja überhaupt keine Ahnung ! Eines aber sag' ich euch : Wenn es einen von denen runterhaut, den hole ich nicht. «

Kaum hatte Mike seine weise Rede beendet, rumpelte

es hinter mir. Der liebe Mike hatte sich mit seinen Steigeisen in den Gamaschen verfangen, stolperte und stürzte mit dem Kopf voran die gesamte Gletscherflanke hinunter.

Der Sturz ging zum Glück glimpflich aus. Seitdem aber sind Mikes weise Reden ein klein wenig leiser geworden ...

Erfindergeist

Richtig eiswandsüchtig waren wir in unseren jungen Jahren und von Ost bis West klapperten wir die Alpen danach ab. Von den Klassikern sind uns fast alle geglückt, die meisten in Rekordzeit, für damalige Maßstäbe. Was eigentlich ein kleines Wunder ist, denn wir waren doch die meiste Zeit nur am Schrauben drehen. Die Eisschrauben von früher waren nämlich endlos lang und schwer, und um sie richtig zu setzen, verging immer eine halbe Ewigkeit. Oft verfluchten wir die unpraktischen Dinger, genauso oft benutzten wir sie deshalb auch gar nicht und stiegen einfach frei.

Wir zerbrachen uns den Kopf, wie wir die Einschraubtechnik verbessern könnten, und nahmen immer ein Holzstäbchen mit, welches wir in die Öse des Schraubenkopfes einführten, um das Drehen zu erleichtern. Das Gelbe vom Ei war diese Idee freilich nicht, immer wieder verloren wir das Stäbchen oder brachen es durch die Belastung ab. Werner, der Erfindergeist, entwickelte dann aber eine Ratsche, die am Schraubenkopf angesetzt werden konnte und mit deren Hilfe wir mühelos die Schrauben ins Eis hinein- und herausdrehen konnten. Wie Automechaniker »ratschten« wir uns nun durch die Wände, unter Gleichgesinnten berühmt-berüchtigt wegen unserer »Ratscherei«.

Die Idee war so gut, daß Werner von einer bekannten Ausrüstungsfirma nach München eingeladen wurde, die die Eisschraubenratsche dann sogar in kleinen Stückzahlen nachbaute und auf den Markt brachte. Bald erkannte man freilich das Grundübel, nämlich die falsche Form der Schraubenspitze, und als diese verbessert wurde, verschwand nicht nur das mühevolle Eindrehen, sondern auch unser legendärer Mechanikersound in den großen Wänden der Alpen ...

Kühne Tollheit

Hubert übergibt sich seit Stunden. Erich erzählt uns, alle halbe Stunde renne Hubert zur Tür des Biwaks Col du Trident hinaus (wir sind auf 3690 Meter) und müße sich übergeben. Werner und ich hatten noch nebenbei die Nordwand der Tour Ronde mitgenommen, während uns die beiden Freunde zum Biwak vorauseilten.

Mittlerweile steht die Tür offen, weil Hubert alle zehn Minuten einen Anfall hat. Einmal stürmt er ins Freie, will sich an der Brüstung des Biwaks übergeben, verfehlt in seinem Taumel fast das Geländer und saust um ein Haar samt seinem Mageninhalt die Felswand hinab. Wahrscheinlich war eine seiner gebratenen Würste verdorben oder das Frittierfett der Kartoffelchips zu alt, kein Wunder, bei allem, was Hubert durcheinander futtert! Wir jedenfalls zerbrechen uns nicht weiter den Kopf über den

Grund von Huberts Zustand, denn tags darauf wollen wir über die Brenva-Flanke zum Montblanc.

Die Nacht in unserem Adlerhorst haben wir schlecht geschlafen, wie gesagt, Hubert war laut. Am Morgen geht es ihm noch miserabler, seine Gesichtsfarbe ist grüngelbgraublau. So muß er eben auf die Tour verzichten. Werner, Erich und ich packen die Sachen und seilen vom Biwak den Felssporn hinunter zum Moore-Gletscher. Wir queren das gewaltige Plateau und steigen gegenüberliegend am Moore-Sporn entlang der Brenva-Flanke zum Gipfel des Montblanc. Der klassische, kombinierte Anstieg weist eine Wandhöhe von über 1300 Meter auf, die steilste Eispassage hat eine Neigung von 50 Grad (heute ist die klassische Tour durch einen Ausbruch auf der alten Linie nicht mehr begehbar).

Eigentlich hatten wir geplant, vom Gipfel den Normalweg nach Chamonix abzusteigen. Aber Hubert macht uns einen Strich durch die Rechnung, so daß wir die gesamte Eiswand wieder abklettern müssen, um zurück zum Biwak zu gelangen. Zum zweiten Mal queren wir das Plateau des Moore-Gletschers, jetzt mitten in der Tageshitze, in der wir hier nichts mehr verloren haben sollten. Als wir uns wieder in der Aufstiegsflanke zurück zum Biwak befinden, bricht ein riesiger Sérac aus der Brenva-Flanke aus, stürzt mit unheimlichem Getöse die Flanke herunter und zerbirst am Gletscher-Plateau. Ein dichter Nebel aus winzigen Eiskristallen umhüllt den gesamten Gletscherkessel und macht alle Sicht für etwa 20 Minuten zunichte. Als sich der Kristallnebel legt, erkennen wir, daß der Weg, den wir erst vor zehn Minuten gegangen waren, meterhoch von Eisblöcken und Schneemassen verschüttet ist.

Hubert liegt im Biwak, erbricht sich nicht mehr, jammert nicht mehr, ist nurmehr apathisch. Wir stützen ihn, er kann kaum stehen, mit vereinten Kräften gelingt es uns schließlich doch, den Leidenden die Firnflanke unterhalb des Biwaks abzuseilen. Langsam aber zusehends erholt er sich, je tiefer wir gelangen. Als wir endlich die Dreitausender-Quote unterschreiten, gibt Hubert die ersten Scherze von sich, was soviel heißt wie, dem Mann geht's wieder gut.

Erst viel später haben wir verstanden, was mit Hubert eigentlich los war. Er litt an einer akuten, schweren Höhenkrankheit, und hätten wir ihn noch länger im Biwak liegen gelassen, hätte ihm womöglich ein Lungenödem zum Verhängnis werden können. Klar, wir waren von zu Hause gestartet, durch die Poebene gerauscht, ab Courmayeur per Gondel auf über 3000 Höhenmeter geschwirrt, im Laufschritt über Rifugio Torino zum Biwak geeilt, und alles in Rekordzeit.

Akklimatisation? – Für uns damals ein Fremdwort. Die hochexplosive Mischung aus Unbekümmertheit und Draufgängertum tickte laut, – wir überhörten sie ganz einfach.

Die Gnade des Königs

Strategisches Ziel: Königsspitze Nordwand, Werner und ich angriffslustig. Der Wirt der Hintergrathütte riet uns ab, weil die Verhältnisse zu dem Zeitpunkt extrem gefährlich waren, es war viel zu warm. Was verstand denn schon der Hüttenwirt? Werner und ich wußten es besser.

Wir biwakierten am Wandfuß und konnten die Nacht schlecht schlafen, weil ständig Fels- und Eisbrocken durch die Nordwand donnerten. Die Temperaturen sanken auch in der Nacht kaum ab. Trotzdem stiegen wir am frühen Morgen ein und es dauerte nicht lange, bis wir uns ducken und dicht an die Wand zwängen mußten, in der Hoffnung, der Eishagel würde über uns hinweg rauschen. Bald schon sahen wir ein, daß es wirklich sinnlos war, und Werner schlug einen Nagel, an dem wir abseilen wollten. Als sich die Wand kurz beruhigte, war ich startbereit, instinktiv prüfte ich, wie ich es immer mache, noch den Abseilnagel und hatte ihn auch schon in der Hand. Der kleine Schwung vom Herausziehen des Nagels drohte mich nach hinten in den Abgrund zu stürzen. Im letzten Moment erwischte mich Werner noch mit der Hand an der Windjacke und zog mich auf den schmalen Standplatz zurück. Als Antwort auf unsere Nachlässigkeit kam auch schon das nächste Bombardement von oben, wir schafften es gerade noch, die Rucksäcke zum Schutz über unsere Köpfe zu halten.

In einem glücklichen Moment gelang es uns bis zum Wandfuß abzuseilen. Keiner hatte Lust, zur Hütte zurückzukehren, in Wirklichkeit schämten wir uns, die Warnung des Hüttenwirtes nur belächelt zu haben, zudem waren wir kläglich gescheitert. So beschlossen wir, den direkten Weg mitten durch einen mächtigen Gletscherbruch abzusteigen, über abgrundtiefe Spalten und haushohe Eistürme. Am Fuße des Eisschrundes, wo der Gletscher kalbt und wie eine gigantische Mühle in ständiger Bewegung ist, seilten wir uns über eine Schlucht ab. Sie war wie ein Trichter, in dem sich das ganze Abbruchmaterial konzentrierte. Pausenlos donnerten riesige Eisbrocken links und rechts von uns herab, oder sprangen wie Pingpongbälle an unseren Köpfen vorbei. Trotzdem nahmen wir uns noch die Zeit, mitten in der Schlucht einen Eispilz zum Abseilen frei zu hacken, weil wir zu geizig waren, schnell eine

Eisschraube zu setzen, die wir hätten zurücklassen müssen ...

Am Ende der Schlucht lag ein turmhoher Kegel aus Eissplittern, der sich durch die herabfallenden Eisbrocken gebildet hatte. Wir hatten uns gerade einige Schritte vom Kegel entfernt, als ein riesiger, tischgroßer Eisblock zwei Meter neben uns niederknallte und in tausend Stücke zersprang.

Unsere jugendliche Leichtfertigkeit haben wir damals nicht als solche empfunden. König – danke für das Geschenk, für das Riesenpaket Glück mit roter Schleife !

Seilpraktikum

Die Bergführerprüfung stand an. Dick und rot hatten wir den Termin im Kalender eingekreist, glaubten, es sei der Schicksalstag, der unser weiteres Leben bestimmen sollte. Würden wir durchsausen, wären wir die Dorfdeppen und alle Welt würde mit dem Finger auf uns zeigen, würden wir die Prüfung meistern, hätten wir den Garantieschein für eine sorgenfreie Zukunft schon in der Tasche ...

Eine harte Trainingswoche im Spätwinter hatten wir uns auferlegt, von einer Schutzhütte aus wollten wir die letzten Hochtouren vor der Skiprüfung unternehmen. Nach zwei Gipfeln in Sturm, Schnee und Kälte und einer Wetterprognose, die einem den Tiefdruck bis in die Adern trieb, hatten Mike und Kurt die Nase voll, nicht nur vom Schnupfen. Werner und Lois könnte man als Eisverkäufer im T-Shirt in die Arktis stellen, nur Hitze bringt sie um. Ich hatte Sehnsucht nach ... der Heimat. (Man muß ja nicht alles ausplaudern.) Und gemäß klarem 3:2-Beschluß brachen wir schließlich unsere Zelte ab.

Nach dem Abstieg von der Hütte beluden wir das Auto und fuhren hinaus in den Frühling. Wir kamen nicht weit, schon steckten wir mitten in einer Autokolonne, und weil Warten für uns reine Zeitverschwendung war, scherten wir aus und fuhren vor, um den Grund des Staus zu erfahren. Von weitem fuchtelte und gestikulierte bereits eine Gruppe von Männern, wir sollten sofort bremsen.

Ein abschüssiges Straßenstück glänzte uns vereist an, spiegelglatt vom gefrorenen Schmelzwasser. Das Gefälle an dieser Stelle betrug etwa 28 Prozent, am Auslauf des Gefälles stand früher eine Brücke. Schneeschmelze und die Regenfälle der letzten Tage hatten die Brücke weggespült, notdürftig waren ein paar Baumstämme als Ersatz über den Bach gelegt.

Allein, mit den Rädern die Stämme zu erwischen, hätte großes fahrerisches Können vorausgesetzt, die Straße bis dorthin aber war sowieso unbefahrbar. Die meisten der Wartenden machten kehrt, andere hofften auf Tautemperaturen, die Hilfe des Straßendienstes oder auf ein Wunder.

Ohne lange zu diskutieren, öffnete Werner den Kofferraum seines BMWs, nahm die Bergseile und wies uns an, ein Kräftedreieck zu erstellen.

Wir befestigten drei Seile am Heck-Abschlepphaken des Wagens, eines ungetümen Oldtimers der 5er Reihe, der mehr ideellen als Schrottwert besaß.

Am Straßenrand steckten noch die dünnen Holzstangen, wie sie im Winter als Orientierungshilfen für die Schneeräumung angebracht werden.

Nun »bedienten« Mike rechts und Kurt links diese Begrenzungsstangen, Lois sicherte mit einem Rückhalteseil, ich gab das Kommando und Werner saß im Auto (der Kapitän verläßt nie sein sinkendes Schiff).

Nochmal im Detail fürs Lehrbuch »Wie seile ich mein Auto ab?«: Mit halbem Mastwurf banden wir je ein Seil an eine Stange am rechten und linken Straßenrand und seilten das Auto ab, von einem Holzstecken zum nächsten. Zur Sicherung, falls ein Stecken brechen sollte (schade wär's um den Stecken, nicht um den Wagen), führten wir ein drittes Seil geradlinig nach hinten.

Die Operation war sehr heikel, wenn nur einer von uns aus dem Abseilrhythmus kam, schwenkte der Wagen aus der stabilen Lage, so rutschig war die Fahrbahn. Relativ schnell aber hatten wir die Technik im Griff und die Karosse die Steilabfahrt hinunterchauffiert.

Die Wartenden schauten uns von oben fassungslos zu, die spektakuläre Aktion verlief dermaßen professionell und perfekt, als hätten wir sie tagtäglich geübt.

Jetzt galt es nur noch, den Wagen millimetergenau über die Baumstämme zu lenken, und schon zischten wir ab mit Vollgas – Richtung Heimat.

Fatale Verführung

In aller Herrgottsfrühe, zu einer Zeit, in der jeder normale Mensch sein wohlverdientes Sonntagsschläfchen genießt, schrillte das Telefon. Mike wollte eine Skitour machen, ob ich Lust hätte mitzukommen. Wer spricht denn von Lust, da noch der Zimmermann im Kopf ist? Mein Schwager hatte Geburtstag gefeiert, wir waren erst drei Stunden im Bett. Brigitte raufte sich die Haare und

meinte, da nun eh das ganze Haus wach sei, wär's auch egal aufzustehen.
»Wenn's sein muß,« sagte ich in den Hörer und seufzte, »aber nur was Kleines, keine Anstrengung.«

Die Tristenspitze in meinem Heimattal war grad das richtige Ziel, frische Winterskälte und ein zügiges Lüftchen hatten auch schon bald meinen Kater vertrieben. Nach kurzer Zeit sahen wir einen einzelnen Tourengeher einige hundert Meter vor uns, seine Routenwahl schien nicht sehr logisch. So spurten wir unseren eigenen Weg. Immer merkwürdiger zog er seine Bahn in den Schnee, geradezu in gefährlichste Hänge hinein, halsbrecherisch und verantwortungslos. Wir bangten um den Mann, warteten nahezu darauf, daß sich ein Drama abspielte.

Die allgemeine Lawinenwarnstufe lautete »mittelmäßig gefährlich«. Unsere Normalroute war sicher, wegen dcs »Blindgehers« aber mußten wir sie teilweise ändern, denn würde er ein Schneebrett lostreten, könnte es auch uns erwischen. Er war schon lange vor uns oben, als wir gemächlich den Gipfel erreichten, niemand von uns hatte ja an diesem Tag Lust, Rekorde zu brechen.

Ich wollte den Mann ansprechen, ihm raten, unseren sicheren Aufstiegsweg abzufahren, aber er startete gerade und sprang schwungvoll in die Steilwand. Mike sah mich kopfschüttelnd an und zog schon seinen Notruffunker aus dem Rucksack, wir wußten, jetzt wird es passieren.

Elegant indes wedelte der »Selbstmörder« den Schneehang hinab und die wellengleiche Zeichnung wuchs mit zunehmender Entfernung. Ganz unten sahen wir ihn als schwarzen Punkt im sanften Almengelände entschwinden.

Jedes Lehrbuch hätte gewarnt, daß bei den gegebenen Verhältnissen dieses Gelände höchst lawinengefährlich war, und wir konnten dies durch unsere langjährige Erfahrung nur bestätigen. Aufgeregt diskutierten Mike und ich, es war uns unbegreiflich, daß die Schneeauflage dieses Hanges stabil geblieben war.

Verführerisch war sie schon, die Abfahrt im steilen Weiß, und je länger wir fachsimpelten, desto stärker wurde der Reiz, es auch zu versuchen.

Die Mädels zeterten und flehten uns an, gemeinsam den Normalweg abzufahren. Aber kein Kußmund kann für mich verzaubernder sein als eine verlockende Herausforderung am Berg.

Die Skispitzen in die Steilwand gerichtet, ein Stockeinsatz, ich springe in den Hang ein und drehe zwei Kurven. Mike folgt mir in einigem Abstand. Langsam gleitend quere ich die Flanke zur anderen Seite der Wand.

» Hans, bleib stehen «, ruft Mike mir zu, » das gibt ein phantastisches Foto ! «

Wir befinden uns fast auf gleicher Höhe, nur in entgegengesetzter Richtung.

Als ich zur Weiterfahrt ansetzen will : ein dumpfer Donnerknall wie aus tausend Geschützen. Die Schneeauflage unter meinen Skiern bricht, der Talski wird im Sog mitgerissen, die Bindung öffnet sich, mit dem Bergski versuche ich der alles verschlingenden Gewalt zu entkommen. Auf einer Breite von 300 Metern löst sich der Hang, tosend stiebt das Schneebrett in seiner ganzen Mächtigkeit bergab. In letzter Sekunde gelingt es mir, mit dem einen Ski aus dem Strömungskegel herauszufahren.

Kreidebleich starrten wir uns an, auch Mike konnte gerade noch der Tragödie entrinnen. Beide hatten wir geahnt, daß die Katastrophe kommen mußte – fatale Verführung.

Abendlicht am Matterhorn

Angefangen hat die Serie unguter Begebenheiten damit, dass ich die Zeltheringe zu Hause vergessen hatte. So verbrachte ich den Nachmittag am Gletscherfuß der Matterhorn-Nordwand mit im Tiefschnee, wühlen, Eisschraubensetzen, Zeltschnüreverknüpfen und schließlich mit Bepinkeln sämtlicher Eisenverankerungen am Zelt. Die Notlösung hielt gut, vor allem infolge der eisigen Nacht. Das Minizelt aber glich einer Käseglocke, und wir alle – Werner, Hubert, Erich und ich – sorgten für den entsprechenden Duft dazu. Die Überbevölkerung des Zweimannzeltes ließ an Schlaf nicht denken. Um halb fünf Uhr standen Werner und ich auf, und noch bevor wir zur Nordwand aufgebrochen waren, schliefen Erich und Hubert, die endlich das Zweimannzelt für sich alleine hatten, genüßlich tief und fest.

Die Wand war von einem beinharten Eispanzer bedeckt und erforderte sauberes, hochkonzentriertes Steigen. Die Sicherungsmöglichkeiten sind bekanntermaßen schlecht, und obwohl Werner und ich bei solchen Bedingungen gerne seilfrei gehen, blieben wir diesmal zusammen. Die große Kälte machte das Klettern ohne Handschuhe mühsam, die Steigeisen aber griffen in den vereisten Platten bestens und ermöglichten ein relativ schnelles Weiterkommen.

In der Eile – für uns beide bedeutete Schnelligkeit immer auch Sicherheit – drifteten wir aber etwas zu weit nach links Richtung Normalweg ab und kamen in eine schluchtartige Rinne. Ich kletterte die Schlucht hinauf, als mir plötzlich ein altes Hanfseil entgegenbaumelte. Froh über diese willkommene Hilfe rief ich Werner zu, er bräuchte keine Sicherung bauen, ich würde mich an diesem Seil hinaufhangeln.

Ich zog mich hoch, das Seil endete an einem kleinen Absatz, der mir gerade richtig für einen Standplatz schien. Während Werner nachkam, betrachtete ich das Seil genauer, und erkannte mit Schrecken, daß das Seilende nicht fixiert, sondern nur in einer Länge von etwa 20 Zentimetern eingeeist war. Das Eis war so dünn, daß die Struktur des Seils noch durchschien. Gesichert am eigenen Standplatz, nahm ich das Seil, zog daran mit einem kräftigen Ruck, und hatte es auch schon in der Hand – So sorglos war ich daran hochgeturnt...

Nach 13 Stunden erreichten wir den Gipfel. Ich war so gebannt vom Anblick des Horizonts, vom Licht und vom Glück über das Erreichte, daß ich gar nicht mehr an den Rückweg dachte. Die Sonne stand schon tief am Himmel, Werner drängte immer wieder zum Abstieg und am Schluß mußte er mich fast zwingen zu gehen, sonst hätten wir noch am Gipfel übernachten müssen.

Übermütig begannen wir den Abstieg auf dem Normalweg und kamen auch gut voran. Schneller als erwartet brach aber auch die Dämmerung herein und wir mußten erkennen, die Länge des Abstiegs gehörig unterschätzt zu haben. Unversehens befanden sich die frischgebackenen Nordwandler auch schon weitab des Normalweges, und mittendrin in der Ostflanke (wie wir uns hierher verlaufen konnten, ist mir bis heute noch nicht klar). Jedenfalls glaubten sie, dort genauso flott absteigen zu können.

Die Wildheit des Geländes nahm zu, die Dunkelheit ebenso, und die Batterien der Stirnlampen waren mittlerweile leer. Kraftlos schien das Mondlicht, die schmale Sichel beleuchtete jeweils nur wenige Meter um uns herum. Beide kletterten wir frei und ungesichert die immer abschüssiger werdende Ostwand hinab, bis wir zu Steileis gelangten, wo nur mehr Abseilen möglich war.

Am Doppelseil glitt ich als erster über den Eisbuckel, als plötzlich Werners Warnschrei durch die Luft gellte. Instinktiv warf ich den Rucksack über den Kopf und klammerte mich in die Seile. Schon krachte es über mir und ich war mitten drin im Donnerhagel aus Steinen und Felsbrocken, dumpf schlugen sie auf meinen Rucksack oder zischten wie Pfeile haarscharf an mir vorbei. Ich kauerte mich zusammen, um möglichst wenig Angriffsfläche zu bieten. Das Poltern über mir schien eine Ewigkeit zu dauern, in Wirklichkeit waren es vielleicht wenige Minuten, bis rettende Stille das Ende des Infernos andeutete.

Ich setzte eine Eisschraube und rief nach Werner. Glücklicherweise hatte der an der Randkluft Schutz gefunden und den Steinschlag heil überstanden. Eines der Seile aber war knapp über meinem Stand zerfetzt worden.

Wir mußten die restliche Ostwand weiter hinunter, den Furggengletscher queren, und kamen mit dem Rest der Seile und in der Finsternis nur mehr langsam weiter. Es dämmerte schon der Morgen, als wir an die Tür der Hörnlihütte klopften. Der Wirt lugte aus einer Luke und fragte mürrisch, was wir denn wollten und woher wir kämen, und überhaupt, die Hütte sei sowieso überfüllt.

» Von der Nordwand «, antworteten wir kleinlaut.

Der Wirt murmelte irgendwas und streckte uns gleich zwei Doppelmaß Bier entgegen.

» Wir haben aber kein Geld «, stotterte ich.

» Schon gut so «, nickte der Wirt und verschwand.

So was vergißt du nie.

Und auch nicht das Abendlicht am Matterhorn-Gipfel. Sein Zauber hielt mich fest, viel zu lange, so daß ich die innere Stimme überhörte, die mir immer wieder sagt, daß dir der Gipfel erst gehört, wenn du wieder unten bist.

Vier Grate in 24 Stunden

Alle vier Grate des Matterhorns im Aufstieg und innerhalb von 24 Stunden: Start um Mitternacht am Westfuß des Matterhorns und Aufstieg über den Zmuttgrat zum Gipfel – Abstieg über den Hörnligrat – Aufstieg über den Furggengrat und Abstieg über den Liongrat – Aufstieg über den Liongrat und Abstieg über den Hörnligrat – Aufstieg über den Hörnligrat und Abstieg über denselben. Diego und ich schafften es in 23 Stunden 30 Minuten.

Warum wir uns die 24 Stunden Zeitlimit setzten, ja warum wir uns überhaupt diese Schinderei antaten, ist für nicht Bergsüchtige schwer zu erklären und im Grunde genauso nutzlos für die Menschheit, wie 90 Minuten einem Ball hinterherzurennen. Jedenfalls waren wir glücklich, daß uns der Versuch gelang.

Eine Episode von diesem Unternehmen aber geht mir nicht mehr aus dem Kopf und steht in meiner Erinnerung vor allen anderen: Als wir noch mitten in der Nacht vom Gipfel über den Hörnligrat (= Normalweg) zum ersten Mal abstiegen, sahen wir schon unzählige Bergsteiger im Gänsemarsch uns entgegenkommen. Von oben sah es aus wie Weihnachten, wie eine endlose Fackelwanderung flackerten die Lichter der Stirnlampen in der Dunkelheit.

Wir gingen an den Seilschaften vorbei, nur eine Gruppe fiel mir auf, weil an ihre Jacken reflektierende Streifen genäht waren, wie es Straßenarbeiter oft haben. Es waren Italiener und sie regten sich auf, was wir hier zu suchen hätten um diese Zeit im Abstieg. Außerdem schimpfte die Frau mit ihrem Mann, die Tour sei viel zu schwierig für sie.

Das zweite Mal trafen wir auf die Italiener, als wir nach dem Liongrat erneut den Hörnligrat abstiegen. Die Gruppe war unterhalb der Solvay-Hütte noch immer im Aufstieg unterwegs. Sie sah uns entgeistert an und schimpfte, was wir schon wieder hier wollten. Wir seien doch erst vor ein paar Stunden hier abgestiegen und so weiter. Und da sie sich keinen Reim darauf machen konnten, handelte es sich für sie um ein paar »matti«, eben um solche mit Mattscheibe. Außerdem warf die Frau ihrem Mann vor, er mute ihr zuviel zu und sie wolle endgültig nicht mehr weiter gehen.

Die dritte Begegnung war kurz oberhalb der Solvay-Hütte, diesmal aber kamen wir von unten auf die Italiener zu, während sie sich immer noch im Aufstieg quälten. Es war schon früher Abend und da die eine Frau bereits sichtlich erschöpft war, rieten wir, doch besser zur Solvay-Hütte (eine Notunterkunft am Grat) zurückzukehren. Jetzt gerieten sie erst recht in Rage. Das ginge uns gar nichts an, maulten sie, wir sollten sie nicht dauernd stören, schließlich hätten wir sie ja sowieso nicht alle.

Der Ehekrach war perfekt, die Frau drohte dem Mann mit Scheidung.

Nach dieser heftigen Standpauke zogen wir an ihnen vorbei und eine Weile schickten sie uns noch Verwünschungen hinterher.

Als wir zum letzten Mal an diesem Tag wieder am Gipfel standen, war es bereits dunkel, und wir stiegen das vierte Mal am Hörnligrat ab. Nach einer Weile sahen wir im Schein der Stirnlampen wieder die reflektierenden Leuchtstreifen – die Italiener waren noch immer nicht recht viel weiter gekommen. Diesmal aber gab es keine gereizten Kommentare mehr. Alle Teilnehmer waren fix und fertig, und so nahmen wir die völlig erschöpfte Frau ans Seil und seilten sie bis zur Solvay-Hütte ab. Der Rest der Gruppe folgte stolpernd dem Strahl unserer Lampen. Tausendmal dankten die Italiener uns und der Heiligen

Madonna, die uns als rettende Engel geschickt hatte, konnten aber immer noch nicht begreifen, daß ausgerechnet diese zwei »matti« sie vor einem großen Unglück bewahrt hatten.

Außerdem sagte mir die Frau, der Scheidungstermin sei fix ...

Gletscherspalten

Aller guten Dinge sind drei

Mit Werner gelangen mir die drei Klassiker der Westalpen: Eiger-Nordwand, Matterhorn-Nordwand und Grandes-Jorasses-Nordwand.

Das Training hierfür absolvierten wir vorwiegend in den heimatlichen Bergen, was oft nicht minder gefährlich war.

Aus Spaß und Übermut schmiedeten wir einmal die verrückte Idee, drei Nordwände an einem Tag zu durchsteigen: Ausgangspunkt Günther-Messner-Biwak – Aufstieg durch die Hochferner-Nordwand – weiter zum Griesferner, diese Nordwand im Abstieg und wieder die Nordwand im Aufstieg – über das Eisfeld zum Hochfeiler, diese Nordwand im Abstieg und die Nordwand wieder im Aufstieg.

Wer von uns beiden diesen »Einfall« hatte, weiß ich nicht mehr, jedenfalls verwirklichte er sich – auch im wahrsten Sinne des Wortes ...

Wir befinden uns mittendrin in der Gewalttour und queren gerade das Gletscherplateau zwischen Griesferner und

Hochfeiler. Pfeifend stapfe ich dahin, die Nase nach oben, den Kopf in den Wolken. Werner mahnt mich vorsichtig zu sein, die Sache ernstzunehmen, es könnten Spalten unterm Schnee verborgen sein.

»Was redest du von Spalten, hier ist's ja eben wie auf einem Flugplatz! Übrigens, weißt du, wozu Hubschrauber gut sind?«, frage ich Werner, will etwas Stimmung in die Gesellschaft bringen, und mit der Handschlaufe ums Gelenk lasse ich den Pickel rotieren, um meine Frage zu verdeutlichen: »Es läutet an der Himmelstür, Petrus öffnet und ruft daraufhin: ›Hey Chef, da steht ein Hubschraubervertreter draußen.‹ – ›Laß ihn reinkommen‹, antwortet der liebe Gott, ›ich brauch einen neuen Rasierapparat.‹« Noch bevor ich über meinen selbst erfundenen Witz richtig lachen kann – geht mein Schritt ins Leere. Ehe ich erschrecken, erfassen und erblassen kann, hänge ich auch schon im Schlund einer Spalte. Werner hält mich fest am Seil, reagiert blitzschnell.

Durch meine Spielerei mit dem Pickel bohrte sich jedoch die Haue in den Rand der Spalte und die Pickelspitze ragte wie ein Speer nach oben. Ich stürzte daran vorbei, sah die Spitze neben meinem Auge und spürte sofort den schneidenden Schmerz.

Werner schaffte es, mich gleich hochzuziehen. Blutverschmiert guckte ich aus dem Eismaul und mußte auch schon wieder grinsen, als ich in Werners entsetztes Gesicht sah. Die Wunde zog sich vom Hals bis zum Ohr, sah aber viel schlimmer aus, als sie war.

Wie ein kleines Kind mit dem Blick in die Wolken war ich in die offene Spalte gerannt. Hätte Werner mich nicht gewarnt, hätte ich mich wahrscheinlich nicht einmal angeseilt übers Gletscherfeld, denn die Nordwände selbst kletterten wir ja auch frei und ungesichert.

Zum Glück war's nur ein Kratzer, der Gesicht und Selbstsicherheit entstellte – und weiter ging's, zur Hochfeiler-Nordwand im Ab- und Aufstieg ...

Wer andern eine Grube gräbt ...

»Ungeheuerlich ist der Druck auf dem Seil, was haben die für eine Ahnung von einem Spaltensturz!« Ich ärgerte mich.

Bei der jährlichen Bergrettungsübung am Magerstein hatte ich vom Unfall am Griesferner erzählt und den Kollegen an der Nasenspitze angesehen, daß sie mich nicht ernst nahmen. Was wird so ein lächerliches Stürzchen schon sein – sie gähnten gelangweilt –, ein paar Kratzer als Andenken, na und?

»Denen werd' ich einen Denkzettel verpassen!«

Die Stelle hatte ich mir vorher gut angesehen: Ohne Vorwarnung wollte ich in eine Gletscherspalte springen, eine schöne, steile, tiefe. Mir konnte nichts passieren, die ganze Kompanie am Strick würde mich leicht halten können. Die nächsten am Seil würde es umrasieren wie Dominosteine, und auch weiter hinten kriegten alle noch den gewaltigen Druck zu spüren, der durch einen Spaltensturz zustande kommt. Dann schau'n wir, ob so ein Stürzchen immer noch lustig ist ...

Ich gehe also am Gletscher als erster am Seil, hinter mir Hubert und die anderen Strategen, übermütig scherzend. Unbemerkt wickle ich einige Schlaufen Seil in die Hand, um dadurch die Fallhöhe zu vergrößern und die Wucht des Sturzes noch zu verstärken. Gemächlich schreite ich dahin, mache plötzlich einen Satz – und springe!

Gleichzeitig verheddern sich leider die Seilschlaufen in meine Steigeisen, mein Körper überdreht sich, und ich falle kopfüber in die Gletscherspalte. Knallhart mit dem Schädel an die glatte Eiswand!

Ich hab' nurmehr Sterne gesehen infolge meiner Gehirnerschütterung und es dauerte eine Weile, bis die Kameraden mich heraufzogen und ich endlich wieder zu mir kam. Wer andern eine Grube gräbt ...

... fällt wirklich

Wir waren auf dem Rückweg der Überschreitung von Gasherbrum I und II, unterwegs seit sieben Tagen und müde und ausgezehrt. Im Kopf war das Unternehmen für mich bereits erfolgreich abgeschlossen, ich sah mich praktisch schon zurück im Basislager, sehnte mich nach Ruhe. Ich wußte nicht, daß mir einer der gefährlichsten Augenblicke in meinem Leben noch bevorstehen sollte.

Ein endloses, gewaltiges Gletscherfeld mußten wir noch durchqueren, eine Riesenschinderei, der Schnee sulzig, wir brachen ein bis zu den Knien. Jeder Schritt war eine einzige zermürbende Qual.

»Seil spannen, fest stramm halten!« rief ich immer wieder nach hinten zu Reinhold. Unsere Angst war fast mit Händen zu greifen, wir befanden uns mittendrin im Gletscherbruch. Wie durch eine Falltür stürzte ich in eine Spalte, es war fast selbstverständlich, ich ahnte, es wird passieren. Ohne Schrecken, ohne Beklemmung fiel ich ins Nichts, Erschöpfung lähmte jegliche Emotion. Der Ruck am Seil war die einzige Empfindung, und sie sagte mir, Reinhold hält mich.

Um Gewicht zu sparen, hatten wir das Seil wie zu Trenkers Zeiten nur um den Bauch gebunden, der Würgedruck, der sich nun entwickelte, war enorm. Mir war klar, wenn ich mich nicht sofort entlasten könnte, würde ich bewußtlos werden, und Reinhold könnte mich dann unmöglich heraufziehen. Ausrüstungsmaterial für eine Spaltenbergung hatten wir ebenfalls aus Gewichtsgründen zurückgelassen, und damit unsere gesamte eigene Sicherheit.

Ich hing im Rachen der Spalte. Beim Sturz hatte es mir den Rucksack, auf dem ich die Steigeisen befestigt hatte, über den Kopf auf den Bauch gedrückt. Zum Glück, denn so gelang es mir, mit einer Hand nach den Steigeisen zu greifen und eines davon am Schuh zu befestigen, und ich gewann etwas Halt in meinem Pendelzustand. Das zweite Steigeisen anzulegen war schwieriger und dauerte eine kleine Ewigkeit. Wie in Zeitlupe kroch ich schließlich am angespannten Seil in die Freiheit.

Der Unfall hatte uns die letzte Kraft geraubt. Wir mußten einsehen, daß die Stunde zum Basislager an diesem Tag nicht mehr zu schaffen war, ein Biwak war unsere einzige Chance – aber ein Biwak ohne Schlafsack, ohne Matten, nur in einem winzigen Zelt? Denn allen Ballast hatten wir zurückgelassen, um uns selbst weiterschleppen zu können. Seit drei Tagen hatten wir nichts mehr getrunken. Im Mondschein glänzten die Lichter vom Basislager herauf zu uns. So nah – und doch so fern.

Im Sog des Mondes auf hohen Bergen

Im Sog des Mondes

Nach einer Bergführungstour setzten wir uns in der Gruppe gemütlich zusammen, plauderten über alles mögliche und lachten viel. Am anderen Ende des Tisches machte sich ein Teilnehmer immer breiter, nicht nur im Sinne des Wortes sondern auch akustisch, wollte alle anderen Gespräche übertönen und haute mächtig auf die Pauke über seine Tüchtigkeit im Beruf und überhaupt.

Im Grunde bin ich in solchen Situationen ziemlich tolerant, jeder soll reden, wovon er gerne möchte. Zusehends aber sonderten sich die anderen immer mehr von ihm ab, und nur die unmittelbaren Sitznachbarn hatten das zweifelhafte Vergnügen, seinen Angebereien zuhören zu müssen.

Schließlich wandte er sich an mich. Er sprach mit einer Rhetorik und Wichtigtuerei, als sei er das Konzentrat aus Trenker und Messner in deren besten Zeiten.

Warum ich denn bei meiner Mount-Everest-Besteigung nicht auf den Vollmond geachtet hätte, wollte er wissen. (Ich war in der Nacht zum Gipfel aufgebrochen und kämpfte mich im Strahl einer kleinen Stirnlampe durch Dunkelheit und Gefahr, der Grund dafür war die Wetterprognose, nicht der Stand des Mondes.)

Bei Vollmond, meinte der Neunmalklug, hätte ich mich ja zehnmal leichter getan.

» Weißt du «, begann ich vollen Ernstes, » das wäre viel zu gefährlich gewesen. Der Everest ist ja so hoch, daß der Vollmond den Gipfel fast streift. Wäre ich also auf dem Gipfel gewesen, und der Vollmond gerade daher gekommen, er hätte mich am Gipfel zerquetscht. Wäre ich aber auch nur im Gipfelbereich, auf einem Grat oder in der Wand gewesen, so hätte mich der unwahrscheinlich kräftige Sog, den der Vollmond auf seiner Bahn entwickelt, glatt hinuntergewischt. «

Das verschlug ihm die Sprache und er war zum ersten Mal an diesem Abend still.

Skimumien

Seilpartner Diego und Kameramann Wolfi mit mir unterwegs Richtung Gipfel des Nanga Parbat, es sollte mein achter Achttausender werden, und die erste Skiabfahrt an diesem Berg.

Mühevolle und kraftraubende Tage hatten wir hinter uns. Das Basislager auf 4000 Meter liegt relativ tief, und wir hatten beim Errichten von Lager I und II, bei Akklimatisation und Zwischenaufstiegen die Mächtigkeit des Berges in unsere Knochen gesogen. Endlich zeigte der Höhenmesser Quote 7000 Meter. Von hier aus, unserem letzten Biwak, wollten wir den Gipfel und die Skiabfahrt am folgenden Tag versuchen.

Wir hockten vor dem Zelt, keiner von uns konnte die Anspannung überspielen, auch wenn wir versuchten, zu scherzen. Diego machte Überstunden und überprüfte zum xten Mal seine Ausrüstung für die Schlußetappe: Da haben wir dies und das, die Stöcke, die Skier – wo aber um alles in der Welt waren die Steigfelle?

»Ihr Löli!«, wetterte Diego. »Wo hän dr mini Fäll versteckt? Wär das gemacht het, dä jag'i eigehändig in d'Mongolei. Gib mer's sofort zruck, sunscht git's es Requiem.«

»Schreib sie dem Christkind auf den Wunschzettel«, murmelte Wolfi, »wir haben sie nämlich nicht.«

Diego durchwühlte erneut völlig aufgelöst seine Habseligkeiten – und sank fassungslos in die Knie. Er hatte die Felle vergessen, schlicht und einfach im Basislager vergessen.

»Weißt du was«, sprach ich Diego Mut zu, »du kommst nächstes Jahr zu mir in die Alpinschule, da gibt es Grundkurse, wie man einen Rucksack packt, und wie man eine Ausrüstungsliste erstellt, damit man ganz bestimmt nichts vergißt.«

Als Notbehelf schlug ich vor, Reepschnüre um die Skier zu wickeln. Wortreich tröstend halfen wir Diego bei der Bastelstunde und umschnürten die Bretter so gut es ging. Ziemlich ungläubig und düster blickte Diego auf seine zwei Mumien, eine skitechnische Innovation stellten diese Prototypen ja nicht gerade dar.

»Ein warmes Süppchen erheitert das Grüppchen«, dachte ich. Nahm den Kocher, wollte die letzte volle Gaskartusche anschließen, drückte und klinkte und klickte herum. Es ging nicht, ich konnte die Dose einfach nicht fixieren. Aber schon wich Gas aus wie aus einem angestochenen Ballon, und zischte fauchend wie ein Drache in das Zelt.

In allerletzter Sekunde warf ich die Bombe in hohem Bogen in den Schnee.

Diese instinktive Reaktion war richtig, wir waren haarscharf an einer Katastrophe vorbei geschlittert. Die Wüstenparty, die uns noch bevorstand, war allerdings um nichts weniger riskant: Wir hatten keinen Tropfen Flüssigkeit mehr, keine Möglichkeit, Schnee zu schmelzen – und noch über 1000 Höhenmeter vor uns.

»Weisch Du was ... chumm Du zue üs in d'Schwyz nächscht Joohr. Bi üs lehrsch scho im Chindergarte, wie me e Kämpingchocher richtig aschliesst, damit de ganz bschtimmt ned in d'Luft flügsch.«

Somit war wieder alles im Lot. Der Gipfel und die Skiabfahrt übrigens auch.

Filmreif

Besteigung des Lhotse, Reinholds letzter Achttausender.

Kameramann Wolfi war mit dabei, um den historischen Augenblick festzuhalten. Bis auf 7300 Meter schleppte er die schwere Kamera mit und hatte den Rucksack vollgestopft mit Filmen. Höher ging's nicht mehr, sein Ballast lähmte jedes Vorankommen. So beschloß Wolfi einige hundert Höhenmeter abzusteigen und auf uns zu warten.

Wir mußten hinauf, mitten hinein in den Streit wilder Windsbräute. Orkanartiger Sturm bremste uns anfangs wie eine Mauer, dann aber drehte er die Richtung und schob uns von hinten wie eine unsichtbare Hand. Er half Alpingeschichte schreiben für Reinholds Wunschziel, seinen 14. Achttausender.

Wie ein treuer Schlittenhund hatte Wolfi unterdessen auf uns gewartet. Kaum sah er uns zurückkommen, sprang er aus seinem Schlupfloch, riß die Kamera an sich und filmte. Völlig aus dem Häuschen vor Freude tanzte er um uns herum, mit den gewagtesten Kameraschwenks wollte er jede Sekunde dieser Sternstunde einfangen, bis, ja bis – er über seinen Rucksack stolperte und sich mit den Steigeisen verfing. Der Rucksack kam ins Rutschen, Wolfi wollte ihn fassen, tauchte wild fuchtelnd hinterher ins Leere.

Wie der Blitz sauste die Ladung die steile Schneeflanke hinab: Rucksack, Filme, Kamera, Krimskrams, Schneebrocken, – und Wolfi irgendwo mittendrin!

Vor einem gähnenden Schlund kam die Höllenfuhre endlich zum Stehen. Uns gefror das Blut in den Adern.

Hatten wir anfangs die Tragweite dieses Mißgeschicks gar nicht erfaßt, beinahe noch über Wolfis Tollpatschigkeit geschmunzelt, so waren inzwischen unsere Gesichter längst zu grauen Masken erstarrt.

Um das Ende vorwegzunehmen – auch tragische Filme haben ja meist einen glücklichen Ausgang: Während wir sorgenvoll die Flanke hinabeilten, krabbelte Wolfi schon unversehrt aus dem Schneehaufen. Sein strahlendes Gesicht mit völlig zugeeistem Bart erhellte nicht nur uns, sondern den ganzen Himalaja.

In weitem Umkreis lag der Rest der Ausrüstung, kaum

beschädigt, aber wahrhaftig am Rande des Abgrunds. Das Wunder vom Lhotse!

Wunder gibt es eben nicht nur im Film...

Blitzaktion: Zelt

Wir waren außergewöhnlich gut drauf nach der erfolgreichen Gipfelbesteigung des Makalu, konditionell sehr stark, mental sowieso. Am Lhotse wollten wir nun unsere vollen Batterien einsetzen.

Die Expedition begleitete ein junger, spritziger Sherpa, der mir besonders auffiel. Er schien nie müde zu werden und scherzte pausenlos. Die europäischen Frauen interessierten ihn gewaltig, ständig mußte ich erzählen, bis ins kleinste Detail. Ob er denn verheiratet sei, wollte ich wissen. »Ein bißchen geschieden«, war seine leise Antwort.

Im Basislager kontrollierte der Expeditionsarzt routinemäßig unsere Blutwerte in bestimmten Zeitabständen. Sie waren optimal, aber der Sherpa übertraf uns jedes Mal. Die Höhentauglichkeit dieses Bergvolkes ist einfach enorm, und umso verwunderlicher war es, daß nach der Rückkehr vom Gipfel die Werte des Sherpa beträchtlich unter unseren lagen.

»Irgendwas kann da nicht stimmen, das ist nicht möglich«, dachte ich mir. Man sah dem Sherpa keine Müdigkeit an. Das ganze Meßzeug, die Apparaturen, wer weiß, ob das alles in dieser Höhe noch was taugt? Die Sache ging mir nicht mehr aus dem Kopf.

Stunden später sah ich in der Nähe des Basislagers ein vereistes Tuch versteckt. Ein aufgerolltes Zelttuch. Ich erkannte es sofort, es war unser Zelt von Lager 1 auf 6200 Meter!

Wie kommt denn das hierher? fragte ich mich. Wir hatten das Zelt zurückgelassen, weil es festgefroren und total vereist war, als wir vom Gipfel zurückkamen und uns zum Ausgraben die Kraft gefehlt hatte.

Der Sherpa hatte das natürlich mitgekriegt. Gleich nach der Rückkehr im Basislager muß er heimlich wieder hoch zu Lager I gestiegen sein. Dabei durchquerte er allein in stockdunkler Nacht den endlosen Khumbu-Gletscher, eine der spaltenreichsten Eiswüsten der Welt. In Lager I pickelte er das Zelt frei, packte es in den Rucksack und stieg wieder ab. Und am Morgen saß er dann seelenruhig mit uns beim Frühstück, scherzte und lachte, als ob er die ganze Nacht durchgeschlafen hätte.

Ich verspüre heute noch riesige Hochachtung vor dieser Blitzaktion des Sherpas. Unglaublich, welch großes Risiko er auf sich nahm, nur, um zu einem eigenen Zelt zu kommen, und hätte ich seinen Wunsch geahnt, wie gerne hätte ich ihm eines unserer Zelte geschenkt.

Der Tausendfüßler

Wir waren im Anmarsch zum Nanga Parbat. Den ganzen Tag über war es sehr heiß gewesen und so beschlossen wir abends am Rastplatz, erst gar nicht die Zelte aufzustellen, sondern einfach im Freien zu übernachten. Bereits in der Morgendämmerung gab es Frühstück, wir wollten noch vor der großen Tageshitze möglichst viel Strecke machen. Ausgeruht und gut gelaunt hockten alle schon beim Tee, als Diego, der seine Schlafmatte etwas abseits ausgelegt hatte, mit langem Gesicht daherlatschte.

» Schlecht geschlafen ?« stichelte Wolfi. Die Frage erübrigte sich eigentlich, denn Diego war leichenblaß.

» Mich chat heute Nacht was gebissen «, anwortete Diego mürrisch, und fügte hinzu, » ein Tausendfüßler. «

» Ein Tausendfüßler ? Ja wie denn, wo denn ?« ging's durch die Runde.

» An meinem allerbeschten Stückch «, brummte Diego.

Wir kriegten einen Lachanfall. Wolfi glaubte Diego kein Wort und wollte das lädierte Körperteil unbedingt sehen und filmen.

Diego aber wehrte ab und meinte zu Recht, daß wir alles ziemlich » kchindische Idioten « seien. Er führte uns zu seiner Schlafstätte und zeigte uns den Missetäter, der noch neben der Matte lag und seine letzten Zappler von sich gab. Als Diego den nächtlichen »Besucher« in seiner Hose gespürt hatte, zog er ihn heraus und spießte ihn kurzerhand mit dem Trekkingstock auf. In der Hitze des Gefechts freilich hatte das Tier zugebissen, leider an einer sehr delikaten Stelle.

Unser einheimischer Begleiter beruhigte Diego und versicherte ihm, daß der » Sittenstrolch « nicht giftig sei und die Schwellung vom Biß in einigen Tagen bestimmt abheile. Normalerweise würden die Viecher Menschen eigentlich nicht beißen, aber bei Schweizern wisse man eben nie ...

Feuriges Biwak

Shisha Pangma, Tibet: Unsere Mannschaft, eine lustige Bande aus Freunden und Bekannten. Solche Expeditionen liebe ich, wenn Scherze schon den Morgenkaffee versüßen und bis zum Abend das Zwerchfell vibriert.

Ab dem Basislager wollen wir nicht im ganzen Haufen, sondern in kleineren Gruppen den Berg versuchen.

Hans M. mit Freundin Karin ist vorgestoßen auf Lager 1, als mich plötzlich im Basislager sein Funkspruch erreicht: »Ich fahr heim, ich komm jetzt runter und flieg sofort nach Hause, so was wie ich gehört nicht auf den Berg. Ich will auf der Stelle hier weg und sonst gar nichts! Ende.«

Verwundert frage ich, was geschehen sei, bekomme aber außer Fluchen und Brummen keine Antwort über den Äther.

Besorgt suche ich mit dem Feldstecher die Stelle um Lager 1 ab, kann aber nichts Verdächtiges ausmachen, sehe nur zwei Punkte, klein wie Nadelköpfe, die langsam Richtung Basislager zurückkommen.

Was war geschehen? Hatte eine Lawine das Lager verschüttet oder gar ein Yeti das Zelt zerstört? Nichts von alledem. Professor Perfektus, wie Hans von uns wegen seiner gewissenhaften, fast pedantischen Methodik oft genannt wird, hatte im Hochlager die Zelte aufgestellt und wollte seine Leute mit Tee versorgen. Mit zwei Kochern, damit's schneller ging. Auf dem einen Kocher brodelte bereits das Wasser, als beim anderen das Gas ausging. Hans wechselte routinemäßig die Kartusche, irgendwie aber verklemmte sich die volle, frisch angebohrte. Die Zeitbombe tickte, Hans aber werkelte und hantierte weiter an der Kartusche als spiele er im Legokasten. Der erste Kocher erfaßte das ausströmende Gas und explodierte stichflammenartig. Eine Feuerwalze fraß wie ein rasender Drache Zelte, Rucksäcke und die gesamte Ausrüstung.

Wie verschlungen und wieder ausgespieen kam Hans ins Basislager zurück. Seine Haare waren angesengt, Karins

Locken verschmort, die Plastikschuhe angeschmolzen, verklebt mit verbrannten Federn der Daunenschlafsäcke – und Hans weit, weit weg von zu Haus.

Wiedergeburt

Mount Everest, Basislager: Seit einer Woche Wind, Sturm, grausliches Wetter. Neben uns eine Mini-Expedition Japaner, drei Leute. (Üblicherweise wird kein Achttausender von weniger als 20 Nippons angeschaut, geschweige denn versucht.) Ganz plötzlich und ohne jede Absprache packen die Japaner ihre Siebensachen und starten Richtung Everest.

» Was machen die bloß «, denke ich mir, » sind die durchgedreht? Hat ja überhaupt keinen Sinn bei diesen Verhältnissen! Eine Kamikazeaktion. «

Drei Tage sind vergangen, wir sitzen immer noch im Basislager fest. Es kribbelt mir von den Fußnägeln bis in die Haarspitzen, Verdammtsein zu Tatenlosigkeit ist mir eine Höllenqual. Und keine Besserung in Sicht, Petrus scheint auf Urlaub zu sein. Ständig gucke ich durchs Fernglas, als ob ich mit Blicken die Wolken durchbohren könnte.

Auf einmal sehe ich in der Ferne zwei Punkte, langsam sich nähernd. Zwei Menschen tief gebückt, mit schleppendem Schritt.

Es sind die Japaner. Völlig am Ende und von Erfrierungen gezeichnet, treffen sie im Basislager ein.

Noch unter Schock schildern sie ihr Scheitern, die Katastrophe, den Verlust ihres Freundes. Eisschollen hätten ihn verschluckt, Nebelkraken und Wolkenbäuche. Der Sturm hätte mit seinem unheimlichen Heulen jeden Suchruf übertönt.

Die Tragödie erstickte endgültig jede Stimmung im Lager. Zur Erinnerung an ihren Freund begannen die zwei Japaner einen Gedenkstein zu meißeln, gekonnt verzierten sie die Steinplatte mit Symbolen und befestigten sie in einiger Entfernung vom Lager. Kein Künstler hätte Passenderes zu schaffen vermocht.

Unterdessen steigen Teilnehmer einer deutschen Expedition auf zu Lager 1. Weil sie jeden Gipfelversuch aufgrund der Verhältnisse für aussichtslos halten, wollen sie ihr Materialdepot räumen und herunterbringen.

In der Dämmerung sehen sie in der Nähe des Zeltes plötzlich eine Gestalt. Es ist der dritte Japaner, total erschöpft und ausgezehrt. Schnell verabreichen sie ihm Sauerstoff, geben ihm zu trinken und zu essen. Aufgeregt funken die Deutschen ins Basislager und bitten einen Sherpa, ihnen zu helfen, gemeinsam den entkräfteten und verstörten Japaner, der immer noch zum Gipfel will, hinunter zu bringen.

Wie ein Lauffeuer verbreitete sich die frohe Botschaft im Basislager. Die zwei Japaner hüpften vor Freude wie kleine Kinder und konnten sich gar nicht beruhigen. Sie kochten Tee und köstlichste Leckereien zur Wiedergeburt ihres Kameraden. Klammheimlich ließen sie die Gedenkplatte verschwinden.

Der »Wiedergeborene« hatte das Unglück überlebt. Auch wenn er für immer durch die starken Erfrierungen im Gesicht gezeichnet war, trug er sein Schicksal mit Humor, die Narben waren fast eine Art Trophäe seines Überlebenskampfes.

Feuerstein und Eisen bricht

Feuerzeuge sind auch nicht mehr das, was sie einmal waren.

Ich sehe heute noch das meines Vaters vor mir, es hatte ein Blechgehäuse und einen aufklappbaren Deckelschutz für den Feuerstein. Oft habe ich mich als kleiner Lauser heimlich an Vaters Rocktasche geschlichen und mit der »Zauberdose, die Flammen macht«, gespielt. Vater wunderte sich zwar, warum das Benzin immer so schnell zu Ende ging, aber den Dauerbelastungen meiner Zündeleien hielt es wenigstens stand.

Konrad und ich befinden uns in Lager 1 auf etwa 6900

Meter Höhe. K2 heißt die Formel, die es zu lösen gilt, ein Berg, an dem ich mir noch einige Male die Zähne ausbeißen sollte.

Bis hierher ging's problemlos, wir wollen uns nun stärken, um am nächsten Tag ins Lager 2 vorzustoßen.

Wie sehr sehne ich mich nach einem heißen Tee und spüre den süßherben Duft schon förmlich in meine Nase schleichen, und wie bescheiden doch die Wünsche in großen Höhen werden, verglichen zu Gelüsten nach Speckknödeln mit Rübenkraut, ich darf gar nicht daran denken ...

Während ich also darauf warte, daß Konrad Schnee für Teewasser in den Topf gefüllt hat, stelle ich schon den Gaskocher bereit und versuche, das Ding mit dem knallgelben Plastikfeuerzeug anzuwerfen. Allein, es zeigt sich keine Flamme, und so drehe ich immer ungeduldiger am Zündrad, bis schließlich der Feuerstein samt Druckfeder wie ein Floh aus dem Gehäuse springt. Fluchend versuche ich die kleine Feder, die den Zündmechanismus des Feuerzeuges in Gang setzt, wieder im Plastikgehäuse zu befestigen. Ungeschickt bastle ich mit vor Kälte steifen Fingern an dem Flammenwerfer, zu guter Letzt bricht auch noch die Druckfeder entzwei.

Wir haben Durst. Konrad starrt wortlos in den Himmel, in Gedanken würde er mich wahrscheinlich am liebsten durch den Fleischwolf drehen, er weiß, mein kleines Mißgeschick wird folgenschwer und der Auslöser zur Umkehr sein, denn ohne Flüssigkeit haben wir keine Chance. Und Konrad wollte noch im Basislager »für alle Fälle« auch sein eigenes Feuerzeug mit einpacken, aber ich hieß ihn, »Gewicht« zu sparen ...

Zurückversetzt in die Steinzeit, versuche ich verzweifelt, dem Feuerstein einen Funken zu entlocken. Ich halte ihn zwischen Daumen und Zeigefinger und ritze am Zündrad, aber er entgleitet mir immer wieder. Meine dicken Finger bewegen ungeschickt die winzigen Bauteile und sind nach zwei geschlagenen Stunden längst wundgescheuert, als endlich ein kurzer Funke entspringt und die Flamme am Gaskocher entzündet.

Der K2 war für mich einer der Knackpunkte meiner Bergsteigerkarriere. Im nachhinein bedeutet dabei die Episode mit dem Feuerzeug zwar nur eine der geringsten Schwierigkeiten, aber bestimmt einen der dümmsten Fehler meinerseits.

Erst beim dritten Anlauf, im Juli 2001, hatte ich Erfolg am K2. Konrad war leider nicht mehr mit dabei, sein »Gipfelglück« in diesem Sommer war ein anderes: Es hat heute Kulleraugen und heißt Nadine.

Maulhelden

Eine internationale Expedition, Spanier, Franzosen, Polen, Schweizer, Reinhold, Brigitte und ich, und dazu ein Berg an Ausrüstung befinden sich am Startplatz des kleinen Fliegers, der uns von Kathmandu nach Lukla, dem Ausgangspunkt für das Everest-Gebiet, bringen soll.

Die Propellermaschine knattert schon mit Reinhold davon, während Warten und Däumchendrehen vorerst meine ganze Beschäftigung bleiben. Langsam wie die Schneeschmelze im Frühjahr läuft die ganze Aktion in Etappen.

Bis der Flieger eine Handvoll Leute und etwas Gepäck davonträgt und wiederkommt, dauert es jedes Mal eine Ewigkeit, und immer länger ziehen sich die Intervalle hin, je schlechter das Wetter wird.

Zu fünft standen wir zuletzt im Regen und die Maschine hob gar nicht mehr ab.

Drei Tage starrten wir Löcher in die Wolken, bis wir beschlossen, zu Fuß nach Lukla zu gehen. Für einen Teil des Gepäcks heuerten wir Träger an. Ein harter Marsch stand uns bevor, mit schweren Lasten und ständigem Wind und Regen.

Nur Brigitte befreiten wir von allen Lasten, sie ermunterte uns und spornte uns an. So schafften wir mit flottem Schritt die Strecke in drei Tagen, für die normalerweise sieben Tage gerechnet werden.

Kurz vor unserem Ziel kamen uns zwei Trekker entgegen. Ich fragte sie auf englisch, wie weit es bis Lukla noch sei. Sie musterten uns mit abschätziger Miene und unterhielten sich untereinander auf deutsch: »Guck dir mal die Typen an, so wie die ausschauen, kommen die sowieso nicht weit. Wir würden die Strecke ja locker in 30 Minuten schaffen, aber die brauchen bestimmt mehr als zwei Stunden.«

Ihre Antwort auf englisch: »Three hours.«*

Großspurig setzten die Maulhelden ihr Trekking fort und würdigten uns keines Blickes mehr.

Ich konnte meine Entgeisterung über so viel Überheblichkeit nicht verbergen und rief ihnen lachend nach: »Herzlichen Dank für eure liebenswürdige und freundliche Auskunft!«

* drei Stunden

Cerro Torre

Abschiedsfeiern sind Pflicht vor Expeditionen, und Mühlwald ist der beste Ort dafür. Erstens wohnt dort Erich, zweitens läßt sich's feiern wie sonst nirgendwo und drittens wird man freundlich bedient.

Zu freundlich? Na ja, Angelika war sehr bemüht um unser Wohl und hat sich für meine großen Pläne interessiert.

War es Übermut oder Fügung? Zwischen Abend- und Morgenrot jedenfalls lud ich die Kellnerin ein, mitzukommen zum Cerro Torre.

Zwei Tage später bin ich mit Erich beim Eisklettern. Das gefrorene Hellblau ist unser Trimmdichplatz, traumhafte Verhältnisse verwöhnen uns. Am Ausstieg angekommen, bemerkt Erich so nebenbei, daß Angelika sich schon riesig auf den Cerro Torre freue, sich einen Rucksack gekauft und vier Wochen Urlaub genommen habe. Heute noch wolle sie Brigitte anrufen wegen der bürokratischen Sachen, Flugtickets und Spesen würde ich ja großzügigerweise übernehmen. Es wäre ihr erster Berg, ihr erster Gipfel, ein lustiges Ferienvergnügen, diese Expedition.

Lustig? Wer war denn nun Angelika und was für eine Einladung? Weiß die überhaupt, mit wieviel »x« man Expedition schreibt und was das bedeutet? Warum sind Frauen immer so realitätsfremd und unlogisch, verstehen keine Flachserei? Und was will sie von Brigitte, wenn die das erfährt, gibt's Scherben!

Völlig aufgebracht packte ich meine Siebensachen, wollte abseilen, abzischen vielleicht sogar auswandern.

Erich grinste in seinen Stoppelbart, nicht einmal Mitleid brachte der Freund mir entgegen. Im Gegenteil, er wollte unbedingt weiterklettern, es sei heut so wunderbar schön. Gereizt und grimmig sprach ich Klartext. Warum sind

Männer immer so begriffsstutzig und beharrlich, verstehen keinen seelischen Schmerz?

Nun, zu einem Bierchen konnte er mich doch noch überreden, aus dem einen wurden zwei, Verdruß und Verzweiflung ließen sich nicht vertreiben. Mein Herz wog Zentner, bis Erich spitzbübisch mit der Sprache herausrückte und sein Lügenmärchen mit Angelika gestand.

Das große Fressen

Die Besteigung des Broad Peak im Karakorum sollte für Hans M. und mich in technischer Hinsicht keine allzu großen Probleme bereiten. Die größte Gefahr bedeuteten die mächtigen Lawinenhänge im Mittelteil der Anstiegsroute, doch das Risiko war kalkulierbar.

Nach der Akklimatisationsphase im Basislager waren wir bereits bis Lager 1 auf 6200 Meter vorgestoßen und wollten tags darauf zu Lager 2 auf 7200 Meter. Eine andere Südtiroler Expedition hatte dort Tage zuvor ihr Zelt für uns stehen gelassen. Nachdem wir uns durch die gewaltigen Schneehänge zwischen Lager 1 und 2 durchgeschunden hatten, legten wir eine kleine Pause ein. Dabei entglitt mir der Beutel mit den gesamten Eßvorräten und rutschte über Steilhänge hinab.

Hans mußte sogar noch lachen über meine Tollpatschigkeit; daß mein Mißgeschick aber das Scheitern des ganzen Unternehmens bedeuten konnte, wußte er nur zu gut. Wir hatten keinen Krümel Brot mehr zu essen und keinen Tropfen mehr zu trinken.

Wir wollten es trotzdem versuchen und quälten uns weiter bis Lager II, oder besser bis dahin, wo es hätte sein sollen. Von einem Zelt oder ähnlichem aber war nichts mehr zu sehen, der Sturm hatte in der Zwischenzeit alles zerfetzt. Das Zelt und mit ihm die Hoffnung auf Nahrungsdepots war im Sinne des Wortes » vom Winde verweht « und harte Realität.

Ohne Zelt und Matten konnten wir hier die Nacht über unmöglich bleiben. Zurückzugehen zu Lager 1 beziehungsweise ins Basislager hätte praktisch das Scheitern der Expedition bedeutet. Ich erinnerte mich, etwa 300 Höhenmeter tiefer das Zwischendepot einer österreichischen Expedition gesehen zu haben. Wenn wir uns dort ein Zelt holen würden, bestünde noch eine Chance für den Gipfelversuch. Allerdings würde uns diese zusätzliche Anstrengung viel Kraft kosten, die uns dann für den Gipfelgang fehlen könnte. Doch da es zwischen dem sicheren und dem wahrscheinlichen Scheitern immerhin einen Schimmer Hoffnung gab, stieg ich ab, um ein Zelt aus dem österreichischen Lager zu holen, während Hans den Platz für Lager 2 freischaufelte.

Als ich zurückkam, hatte Hans eine fürstliche Loge errichtet, mit Schneewänden gegen den Sturm und einem planierten Platz, wo wir nur mehr unser » Häuschen « aufzustellen brauchten. Wir entrollten das Zelt, Hans fixierte die Verankerungen, ich nahm die Plane und wollte die Alustangen einfädeln – die schlampig von mir zur Seite gelegt, sich selbständig machten und blitzschnell über die nahe Schneewächte in den Abgrund sausten.

Schlagartig waren wir damit wieder in die Ausgangsposition zurückversetzt. Wir hatten jetzt zwar eine Zeltplane mit modischem Design, aber gegen Kälte nützt auch das heißeste Rot nichts. Meine Unachtsamkeit machte zudem den Gipfelversuch der Österreicher zunichte, die ja ebenso auf das Zelt angewiesen waren.

Der letzte Rest von Optimismus war verflogen. Wir wußten, das war's dann wohl, absteigen. Vorsichtig näherte ich mich dem Wächtenrand, um noch die Spuren des Unheils zu verfolgen, blickte die steile Firnwand entlang – und sah zwei Stöcke aus dem Schnee ragen. Es waren die Zeltstangen, die wie Pfeile etwa 30 Meter unterhalb der Wächte im Schnee steckten.

Der Hang war extrem lawinös, aber wenn Hans mich sicherte, hätte ich vielleicht eine Chance, mich zu den Stangen abzuseilen. Die folgende Aktion sollte besser nicht beschrieben werden und ist in meiner Erinnerung im Ordner »Bitte nicht mehr daran denken« archiviert. Kurzum: Das Seil war zu kurz, Hans mußte die Sicherungsknoten lösen, um Seil zu gewinnen, ich genauso, und mich reckend und streckend erwischte ich die Zeltstangen schließlich doch.

Die tiefen Schatten des Abendlichts zogen in die Wand, als wir endlich unser rettendes Häuschen stehen hatten. Es fehlten uns zwar immer noch Isoliermatten, die uns gegen die Bodenkälte schützen würden, aber wenigstens hatten wir ein Dach überm Kopf. Ich war hundemüde von den ganzen Strapazen und sehnte mich nurmehr nach Schlaf, sogar den Hunger hatte ich vergessen.

Hans hatte sich schon flachgelegt, ich wollte noch kurz austreten und entfernte mich ein paar Schritte vom Zelt, als mein Blick einen schwarzen Punkt im Schnee streifte. Beim genaueren Hinsehen erkannte ich die Spitze einer Zeltstange. Lustlos und doch neugierig stocherte ich herum und war plötzlich wieder hellwach. Wo eine Stange ist, ist ein Zelt, und wo ein Zelt ist, ist vielleicht sonst noch was, dachte ich, holte den Pickel und begann zu graben.

Nie werde ich die Augen von Hans vergessen, als ich ihm die erste Isoliermatte ins Zelt warf. Es folgten Matte Nummer zwei und drei. Der Rest des Schatzes, den ich soeben freigeschaufelt hatte, war wie das Spitzenangebot eines Feinkostladens: getrockneter Lachs, Cognac, Rum, Honig, Schokolade, Wurst, Käse, Brot, Marmelade, Kaffee, Tee und Nudelgerichte. Das große Fressen auf 7200 Meter war angerichtet wie auf einem Silbertablett, alles hygienisch und haltbar verpackt. Daß die Aufschriften koreanisch waren, und wir oft nicht einmal wußten, was wir aßen, beeinträchtigte nicht den Geschmack, im Gegenteil, selten im Leben haben wir so lecker geschmaust und es selten so sehr genossen.

Meine Freunde, die Sherpas

Sherpa Tham

Sherpas sind immer lustig und gut drauf. Ihr Optimismus ist wohltuend ansteckend.

Weil Tham relativ gut Englisch sprach und sich also in Europa verständigen konnte, lud Reinhold ihn nach Südtirol ein. Tham wuchs mir besonders ans Herz, seine Augen und sein Lachen spiegelten die Geschichte Nepals in sich. Auch ich zeigte ihm meine Heimat, meine Berge.

Berge? Maulwurfshügel seien es, fand er. Die Dolomiten, ja gut, als grazil und zerbrechlich bezeichnete er sie. Sie gefielen ihm. Richtige Berge aber seien das nicht.

Verglichen mit ihrer legendären Höhentauglichkeit und Ausdauer in den Gletscherregionen ihrer Heimat, sind Sherpas im Fels eher unerfahren, es fehlt ihnen an Klettertechnik.

Am Pragser Wildsee hatten wir einen kleinen Klettergarten eingerichtet, abseits vom Rummel, mit Grillplatz und wildromantischer Aussicht. Dort kann ein kleiner Tag zum Märchen werden, ein Sonnenuntergang die Seele auf Samt betten ... wenn nicht gerade ein Nordseetief Polarluft über die Alpen schwappen läßt. Zum Klettern war es ungemütlich, aber Tham hatte trotzdem die hellste Freude. Nicht ungeschickt, wie er seine ersten Seillängen meisterte. Mir bereitete an diesem Tag ein exponiertes Felsdach Probleme, die Finger waren steif vor Kälte, der Fels rutschig, und mir fehlte die Energie, mich festzubeißen. So beließ ich es dabei und hängte unterm Dach eine Umlenkung ein, damit Tham es bis dorthin versuchen könnte. Allein bis zu dieser Umlenkung zu gelangen, wäre für ihn eh unmöglich, dachte ich mir.

Ich war unlustig wie das Wetter, sollten die anderen sich ertüchtigen, soviel sie wollten. Ich hockte mich ans Feuer und starrte ins Leere.

» Juhuu, Mister 'Ans ! « Thams Jubelschrei ließ mich zusammenzucken. Schadenfroh echote die ganze Wand. Stand der Spitzbub von Tham nicht über dem Felsdach ! Sein Grinsen breiter als der ganze See.

Zwei Tage später mußte ich zu einem Bergrettungskurs, Tham nahm ich mit, so etwas interessierte ihn gewaltig. Am Grödner-Joch-Haus holten wir uns noch eine kleine Stärkung, auch Friedl, der ewige Spaßvogel, war mit dabei.

Ein Cappuccino sei die richtige Arznei für »nachttragende« Köpfe, meinte er und streckte drei Finger in die Höhe, um zu bestellen.

Tham, lernbegierig und aufnahmefähig wie ein Schultafelschwamm, stoppte ihn und bat, ob nicht er bestellen dürfe. Freilich hätte er Friedl nie fragen dürfen, was er auf deutsch sagen müsse.

Inzwischen war eine Busladung Touristen hereingekommen und stand im Gänsemarsch vor dem Tresen um Kaffee und Kuchen an. Mittendrin wartete Tham, tief konzentriert den Spruch vor sich her murmelnd. Endlich an der Reihe, verkündete er der Wirtin frisch von der Leber weg seinen Wunsch : » Drei Kapuzzino bitte, du scharfe Puppe. «

» Waaas willst du ? « Die Hausherrin erhob die Hand.

Die Touristen empörten sich, raunten überheblich.

» Drei Kapuzzino bitte, du scharfe Puppe «, wiederholte Tham der »hörgeschädigten« Wirtin.

Friedl räusperte sich, jetzt begriff die Wirtin, auf wessen Mist dies gewachsen war. Zwinkernd schob sie Tham den Kaffee zu, 40 Germanen blieben fassungslos stehen.

Als wir dem Sherpa seinen Spruch übersetzten, vermieste ihm unser Streich den Tag. Sowas dürfe man nicht machen, schon gar nicht mit einer Frau, wiederholte er ständig und schmollte.

Abends dann wollten wir noch auf eine Erfrischung, Tham sträubte sich, in dieses Lokal ginge er sein Leben nie mehr.

Die Wirtin aber erwartete uns schon vor der Haustür und drückte Tham lachend ein Bierchen in die Hand: »Auf meine Rechnung, für den scharfen Sherpa.«

Tham verstand die Welt nicht mehr.

Almabtrieb in Ahornach. Mein ganzes Dorf ist in Feststimmung. Dichte Menschenmassen säumen die Straßenränder und feiern die alljährliche »Modenschau« der Kühe. Jeder versucht, Topfnudeln* zu erhaschen, die die Hirten in die Menge werfen, und alle bewundern die Alpensinfonie, das exakt abgestimmte Glockengeläut der Kühe.

Immer wieder verschwindet Tham hinter einem Baum oder hinter einem Haus und lacht sich kugelrund. Er wiehert wie ein ganzes Gestüt.

Als ich ihn frage, was los sei, entschuldigt er sich für seine Unhöflichkeit. Er wolle niemanden auslachen oder gar verletzen, er habe schon viel gesehen in seinem Leben, wirklich viel, aber Kühe, die Musik machen, so was Komisches noch nie!

* Topfnudeln sind ein typisches, altes Traditionsgericht im Tauferertal: in Schmalz gebackene Teigkugeln (wahre Kalorienbomben!).

(Ähnlich fasziniert war Tham übrigens vom Staubsauger. Seit er die »Maschine, die Schmutz frißt«, zum ersten Mal gesehen hatte, bat er meine Frau ständig, saugen zu dürfen. Es wurde die Todeswoche sämtlicher Hausstaubmilben. Morgens, mittags, abends und noch zwischendurch lief Tham mit dem heulenden Ding zimmerein und zimmeraus. Und wenn nichts mehr auf dem Boden lag, das er aufsaugen konnte, zerriß er Papier zu Schnipseln, um den Kick zu erhöhen ...)

Taschengeld

Flughafen Kathmandu: Wehmütig nehmen Brigitte und ich wieder einmal Abschied von unserem geliebten Nepal. Zwei eindrucksvolle Wochen haben wir bei den »Honigjägern« verbracht, einem Volk, das noch auf urtümliche Weise die reifen Honigwaben wilder Bienen erntet. In einer halben Stunde startet unser Flieger in die westliche Welt, in die Welt des Wohlstandes und Überflusses und der menschlichen Kälte.

»Stop Hans, Mister Hans Stop!« schallt es plötzlich durch die Halle. Von weitem sehe ich einen Mann, der sich fuchtelnd und schreiend einen Weg durch die Meschenmenge bahnt, und erkenne dann den Sherpa, der uns all die unvergeßlichen Tage begleitet hat.

»It is yours«, sagt er atemlos und erleichtert, und drückt mir ein Bündel Geldscheine in die Hand, etwa zehn Millionen Lire (rund 5200 Euro).

Völlig verblüfft starre ich ihn an, kann mein Erstaunen nicht in Worte fassen. »It was in your bag.« Er lächelt übers ganze Gesicht, dreht sich um, winkt und verschwindet wieder Richtung Ausgang. Ehe ich ihn fragen oder mich irgendwie erkenntlich zeigen kann, hat ihn das Menschengedränge bereits verschluckt. Brigitte schaut verwundert auf den Batzen Geld, als durch die Lautsprecher schon der letzte Aufruf zum Abflug ertönt. Noch immer fassungslos steigen wir in die Maschine und versuchen über den Wolken unsere bruchstückhaften Erinnerungen aneinanderzureihen, doch erst nach langem Kopfzerbrechen gelingt es uns, diesem Rätsel auf die Spur zu kommen.

Vor vielen Monaten war ich auf meiner Herbst-Winter-Tournee unterwegs und zeigte meinen neuesten Diavortrag. Von Kiel bis Rom, von Wien bis Bern, tingelte ich über Wochen durch halb Europa.

Es muß in einer Januarnacht gewesen sein, als ich müde und abgespannt in eines der vielen Hotelzimmer kam. Meine Diaschau war sehr erfolgreich, aber die tägliche Fahrerei von einem Ort zum anderen, die ständige Konzentration und die Frage-und-Antwort-Runden mit dem Publikum hatten mir an jenem Tag arg zugesetzt. Gedankenlos muß ich die Gage mehrerer Vortragsabende in das Außenfach meiner blauen Sporttasche gesteckt haben, um das Geld am nächsten Tag zur Bank zu bringen ...

Wochen später steht die blaue Sporttasche in meinem Büro der Alpinschule. Unsere Bergführer benutzen sie, um bei ihren Touren Steigeisen, Pickel und andere Leihgeräte für unsere Gäste darin zu verstauen, und ein halbes Jahr lang wandert die Sporttasche durch verschiedenste Hände von Bergführern und Kunden. Einen Monat später stehe ich in München am Flugplatz, startbereit für meinen Abflug nach Nepal, wo ich einen Monat lang eine Trekkinggruppe führe. Mein Gepäck befindet sich bereits im Frachtraum der Maschine, unter anderem auch meine blaue Sporttasche.

Nach Abschluß des Trekkings sortiere ich in meinem Gerätedepot, das ich in Kathmandu gemietet habe, verschiedene Ausrüstungsgegenstände. In einem Winkel sehe ich die leere, blaue Sporttasche, die über die ganze Dauer des Trekkings hier gelegen hatte, und stopfe sie voll mit der Ausrüstung für die nächsten 14 Tage. Denn Brigitte kommt nach, ich erwarte sie mit dem nächsten Flieger aus Europa, und gemeinsam wollen wir zu den Honigjägern. Ein paar Tage verweilen wir noch in einem Hotel in Kathmandu, packen dann unsere Rucksäcke und starten. Die leere, blaue Sporttasche lassen wir im Hotelzimmer bis zur Wiederkehr.

Mit tausend traumhaften Eindrücken kehren wir nach zwei Wochen zurück, auch unser Sherpa hat uns bis hierher begleitet. Für seine zuverlässige Unterstützung überlasse ich ihm noch mehrere Ausrüstungsstücke, die ich in der blauen Sporttasche verstaue. Alles zusammen drücke ich dem freundlichen Sherpa in die Hand, der sich freudestrahlend von uns verabschiedet.

» Stop, Hans, ... « schallte es durch die Flughafenhalle – hier schließt sich der Kreis der Geschichte. Zehn Millionen Lire haben eine lange Reise hinter sich und erst ein Sherpa hat das Geld gefunden, ist mir damit durch halb Kathmandu nachgelaufen und hat mich im letzten Augenblick noch am Flughafen erwischt. Für ihn war selbstverständlich, daß ich bloß vergessen hatte, das Geld aus der Tasche zu nehmen.

Traumhaftes Nirwana

Das Sherpavolk ist ehrlich und rechtschaffen, sogenannte »schwarze Schafe« gibt es natürlich auch dort, sehr vereinzelt aber verglichen mit den ganzen Herden bei uns.

Die Geschichte trug sich bei einem Trekking Richtung Annapurna zu. Wir saßen wegen des schlechten Wetters für zwei Tage in einem Dorf fest. Eines Vormittags gab es einen Riesentumult. Ich eilte hin, wühlte mich durch die Menschentraube und sah einen unserer Sherpas am Boden liegen. Dorfbewohner und Sherpas knieten neben dem Leidenden, jammerten, tätschelten seine Wangen und schüttelten ihn an den Schultern. Einige Male noch schielte der Scheintote mit halbgeöffneten Augen, bis er in einen tiefen Schlaf sank.

Es war schwierig, aus dem Gezeter der Umstehenden zu erfahren, was passiert war. Angeblich war der Sherpa wie in Trance durch die Gegend gestrauchelt, sei getorkelt, wie auf Gummibeinen ständig zu Boden gefallen, habe mit unkontrollierten Bewegungen ins Leere gegriffen. Schließlich sei er wie in Zeitlupe zusammengesackt und regungslos liegen geblieben.

In all der Hektik versuchte ich, Ruhe zu bewahren und den Patienten mit meinen Erste-Hilfe-Kenntnissen notzuversorgen. Äußere Verletzungen konnte ich keine feststellen und als ich seinen Oberkörper etwas hochlagerte, bekam sein Gesicht einen friedlichen Ausdruck, geradezu, als ob er einen wunderbaren Traum hätte. Ich wollte gerade mit dem nächstgelegenen größeren Ort eine Funkverbindung herstellen und einen Arzt erreichen, als der »Kranke« zu schnarchen begann. Als er schließlich rasselte wie ein ganzes Sägewerk in Vollbetrieb, war mehr als offensichtlich, daß sein Nirwana noch etwas warten mußte.

Was war geschehen? Langsam konnte ich mir einen Reim auf die Vorgeschichte machen: Der Sherpa muß mich beobachtet haben, als ich abends ein leichtes Schlafmittel einnahm gegen die Schlafprobleme bei der Akklimatisierung. Und obwohl der Sherpa nicht wußte, wofür die Pillen gut waren, hatte er heimlich eine halbe Schachtel davon mitgehen lassen und sie auf einen Schlag vertilgt.

» Verdammt starke Bonbons hast du «, sagte er und zwinkerte mir zu, als er wieder aus seinem » Koma « erwachte.

Top sikrit

Expedition Manaslu, beim Akklimatisationsaufenthalt im Basislager.

Wir sitzen abends alle gemütlich im Eßzelt, scherzen und plaudern über Gott und die Welt (über ersteres eigentlich weniger). Hans M. will noch eine Nascherei als Nachtisch holen gehen und sucht mit der Stirnlampe nach dem Rucksack, wo er die Betthupferln versteckt hat, damit wir uns nicht immer mit » Kostproben « eindecken können.

Diesmal aber fehlte gar der ganze Rucksack! Er stapfte zurück ins Eßzelt und nahm mich als Hauptverdächtigen ins Verhör, mußte allerdings bald feststellen, daß ich ihm wirklich keinen Streich gespielt hatte, und auch sonst niemand den Rucksack hatte verschwinden lassen.

Die ganze Mannschaft half nun suchen, auch die Sherpas lupften jeden Stein rundum, eine Sonderkontrolle der Zollfahndung hätte nicht genauer sein können. Der ganze Aufwand war nicht wegen der paar Schleckereien, aber Hans hatte im Innendeckel das ganze Geld für die Expedition aufbewahrt. Bis Mitternacht durchstöberten wir jeden Winkel, der Rucksack jedoch blieb spurlos verschwunden.

Eine Gruppe Sherpas machte sich noch vor Tagesanbruch auf, um den Dieb ausfindig zu machen. Der Vorfall war ihnen äußerst peinlich, es konnte ja nur ein Einheimischer gewesen sein.

Schon bald wurde der vermeintliche Halunke in einer Hütte etwas unterhalb des Lagers gefaßt. Von Rucksack oder Inhalt fehlten zwar jede Spur, die Sherpas waren aber überzeugt davon, den Missetäter geschnappt zu haben.

Zuerst droschen sie auf den Mann ein, dann fesselten sie ihn an einen Baum wie an einen Marterpfahl und beschimpften und ohrfeigten ihn, um sein Geständnis zu erzwingen. Mit allen Mitteln versuchte ich, die Wild-West-Manier zu unterbinden, und stellte mich schützend vor den Malträtierten. Die Sherpas aber schubsten mich immer wieder zur Seite und machten unumwunden klar, daß es ihre Angelegenheit sei, mit dem Lump fertigzuwerden. Der Gefesselte tat mir leid, zudem war nicht einmal bewiesen, daß er der wahre Täter war. Meine Ahnung bestätigte sich, nach endloser Beteuerung glaubte man dem Armen und es konnten Bekannte ausfindig gemacht werden, die ihm sein Alibi bestätigten. Der Sherpa wurde losgebunden und schlich von dannen wie ein geschundener Hund.

Tags darauf fand man den leeren Rucksack in einem Gebüsch neben der Hütte, allerdings schien es hoffnungslos, noch irgendeine Spur vom Täter zu finden. Eine gute Woche war vergangen, als der Postläufer ins Basislager kam und mir einen Brief mit besonderer Dringlichkeit überreichte, so etwas ähnliches wie einen Einschreibebrief, ausgestellt von der Polizeistation Gurka. Ich erschrak nicht wenig, da ich mir nicht vorstellen konnte, was die Gesetzeshüter von mir wollten. In der ersten Unsicherheit legte ich das Kuvert beiseite, ich hatte keine Lust auf Ärger. Den ganzen Tag über plagte mich der Brief, ich wußte einfach nicht, welche Gesetzeswidrigkeit ich begangen haben könnte, alle meine Genehmigungen und Papiere waren ja in Ordnung.

Abends allein im Zelt, öffnete ich schließlich das Schreiben. Nach langem labyrinthischen Fachchinesisch kam ich endlich zum Punkt der offiziellen, behördlichen Mitteilung: Das Geld sei gefunden worden und in der Polizeistation in Gurka abholbereit. Zweifelnd las ich immer wieder die Frohbotschaft, studierte jedes Wort einzeln, es war mir ein Rätsel, wie die Uniformierten überhaupt vom Diebstahl erfahren haben konnten. Irgendwie konnten wir uns über die Nachricht aber nicht richtig freuen – wir glaubten sie einfach nicht.

Am Rückweg der Expedition kamen wir schließlich in Gurka vorbei, und mit dem Brief in der Tasche gingen Hans und ich zur Polizeiwache. Der Amtsvorstand begrüßte uns lächelnd, öffnete eine Schublade und blätterte Schein für Schein auf den Tisch. Er genoß die Zeremonie sichtlich, zumal fast die gesamte Geldsumme noch vorhanden war. Wir waren baff. Verdutzt fragte ich, wie die Polizei überhaupt vom Diebstahl erfahren hatte, noch mehr wunderten wir uns, wie es möglich gewesen war, dem Täter so schnell auf die Spur zu kommen?
»Top sikrit«, antwortete der Polizist knapp, grinste übers ganze Gesicht und wies uns höflich die Tür.

Höhenkrankheit

Bei der Expedition zum Broad Peak organisierten wir in Askole, der letzten größeren Ortschaft auf dem Weg, Lebensmittel für unseren Marsch und Aufenthalt im Basislager. Der Sherpa-Koch kam mit acht lebendigen Hennen daher, die er als Essensvorrat mitzunehmen beabsichtigte. Ich konnte mir nicht recht vorstellen, wie er dies bewerkstelligen wollte, da er keinen Tragkäfig für das Federvieh hatte.

Darüber bräuchte ich mir keine Sorgen zu machen, meinte er und nahm einige Hennen kurzerhand unter den Arm, die anderen steckte er in eine Tasche, und immer, wenn wir Rast machten, ließ er ihnen Freilauf.

Mittags am ersten Lagerplatz lief mir der Koch über den Weg, und ich fragte ihn hungrig, was er wohl heute Geschmackvolles auf den Tisch zaubere.

» Gackgack zack «, rief er, und strich sich mit flachem Handrücken quer über den Hals.

Als ich das Gesicht verzog, erklärte er mir breit, daß er das Tier töten mußte, weil es höhenkrank war.

Er servierte uns also den Hühnerbraten, mir allerdings war der Appetit vergangen. Nicht, daß ich kein Fleisch esse, aber der Gedanke an das kleine Hühnchen, das eben noch fröhlich herumgetrippelt war, schnürte mir die Kehle zu. Der Braten war zudem zäh wie Ledersohle.

Am zweiten Lagerplatz wurde wieder eine Henne » höhenkrank « und so weiter. Einige Hühner überlebten bis zum Basislager. Da mir das verkochte, zähe Fleisch schon zum Hals heraushing, ich den Koch aber nicht beleidigen wollte, suchte ich nach einer schonenden Ausrede : » Die letzten Gacks schenk ich dir, du darfst sie allein verspeisen. Wir müssen nämlich bald auf den Gipfel, denn wenn ich zuviel Gackfleisch esse, werde auch ich noch höhenkrank. «

Materialtest und Gewichtseinsparung

Gewicht einsparen ...

... ist meine Maxime, beim Klettern genauso wie bei Expedition zu den hohen Bergen der Welt.

Ein großer Teil meiner Erfolge ist diesem Grundprinzip zuzuschreiben. Es ist allerdings Erfahrungssache, den schmalen Grat zwischen unbedingt notwendiger Ausrüstung und jenem Ballast, der weggelassen werden kann, zu kennen. Denn Leichtigkeit bedeutet Schnelligkeit, und Schnelligkeit bedeutet Sicherheit.

Die fixe Idee der »Gewichtseinsparung« geht mittlerweile so weit, daß sie mich sogar im täglichen Leben begleitet: Eine Geldtasche verwende ich nur selten, Kreditkarten, Ausweis und Geldscheine stecke ich oft nur hinter die Folie der Zigarettenschachtel. Diese Leichtigkeit des S(ch)eins allerdings kann einen teuer zu stehen kommen, dann nämlich, wenn man das Geld in den Mülleimer schmeißt.

Mein Auto hatte Durst. Bei der ersten Tankstelle halte ich, tanke, bezahle, genieße noch ein Zigarettchen. Schon wieder hab ich eine Schachtel leer geraucht, ab damit in den Abfalleimer. So, noch mal kurz dehnen und strecken, dann setzen wir uns frisch und entspannt wieder in die Benzinkutsche und weiter geht's in die Eintönigkeit der Nacht hinein.

Nach einigen Stunden merke ich, daß meine Konzentration nachläßt, halte an und bestelle mir in der Raststätte einen Espresso. Als ich bezahlen will, sehe ich, daß ich keine Zigarettenschachtel mehr habe, somit auch kein Geld. Wie ein Blitz schießt mir der Gedanke durch den Kopf, daß ich die leere Schachtel ja weggeworfen hatte, mit 1300 Märkern drin. Verzweifelt durchstöbere ich das Innere meines Wagens und kann gerade noch ein paar verlorengegangene Münzen für den Espresso zusammenkratzen. Dann rase ich wieder endlose Kilometer zurück zum Kiosk an der ersten Tankstelle.

Die Nacht hat ihr dunkles Kleid schon abgelegt, als ich mein Ziel erreiche und schnurstracks zur Mülltonne stürme. Wie ein Gestrandeter stecke ich mit dem halben Oberkörper in der Tonne und wühle zwischen Ketchup, senfiger Pappe und anderem stinkenden Müll.

» Ach Gottchen ! « seufzt eine bemalte Blondine neben mir, » dem armen Kerl sieht man seine Bedürftigkeit gar nicht an ! ? «

» Gefunden ! «, rufe ich überglücklich und fuchtle mit der zerknautschten Zigarettenschachtel in der Hand vor ihrer Nase herum, dann fische ich den Tausender und die restlichen Scheine heraus.

Die Dame verschluckte sich ...

Ebensowenig wie unnötige Geldtaschen mag ich die Brustbeutel, die viele Reisenden benutzen, um ihre Tickets, Dokumente usw. aufzubewahren, ich komme mir damit vor wie ein Hund mit Halsband und Kennmarke.

Der bürokratische Papierkram hat doch leicht in der Hosentasche Platz und ist dort jederzeit griffbereit. Dachte ich zumindest bis ...

... ich mich auf einem Nachhauseflug von Nepal befand.

In Delhi hatte ich eine Zwischenlandung und drei Stunden Zeit bis zum Weiterflug Richtung Heimat. Da ich die Fluggesellschaft wechselte, mußte ich erneut durch die Sicherheitskontrolle. Ich begab mich frühzeitig zum Schalter, wollte die nötigen Dokumente herrichten und griff in eine leere Hosentasche.

Erst nachdem ich sämtliche Taschen an mir und in meinem Handgepäck zum wiederholten Male vergeblich durchstöbert hatte, begriff ich langsam die Tragweite meiner übertriebenen »Gewichtseinsparung« – ich hatte meine Dokumente verloren. Wie ein vergessenes Gepäckstück stand ich mitten in der Flughalle: ohne Namen, ohne Paß, ohne Ticket für eine Weiterreise, und – am schlimmsten – ohne Visum. Delhi war nur der Zwischenstopp, ich hatte keine Einreiseerlaubnis für Indien, hätte also die Flughalle nicht einmal verlassen dürfen und auf keinen Fall zur italienischen Botschaft gekonnt, um mir die nötigen Papiere ersatzweise ausstellen zu lassen.

In Gedanken ging ich nochmals alles durch, den Flug bis hierher und dann den Aufenthalt in der Flughalle. Ich hatte dabei nichts Besonderes gemacht und so fand ich auch keinen Anknüpfungspunkt dafür, wo ich die Sachen verloren haben könnte.

Vollkommen niedergeschlagen ließ ich mich auf eine Bank fallen, stierte auf den Boden und verzweifelte fast an meiner Situation, für die ich keinen Ausweg wußte.

Drüben am Ausgang der Flughalle war ein Riesenlärm. Inmitten Hunderter Menschen schrie ein Mann aus vollem Halse, wurde immer lauter und fuchtelte mit den Armen, was ging mich das an, ich hatte ganz andere Sorgen. Sollte ich zur Polizei gehen, aber würden die mir glauben?

Der Mann lärmte immer noch, fing an hin und her zu rennen, in der einen Hand hielt er einen Besen, in der anderen

Hand etwas Rotes. Was der bloß hatte, und warum beruhigte ihn niemand? Was schrie der überhaupt? Ich verstand kein Wort, nur Port, so wie Passport, ja wie schön, dachte ich mir, wenn ich einen hätte.

Ich stand minutenlang auf der Leitung, bis ich endlich schaltete und erkannte, was der Mann in der Hand hielt: meinen Ausweis.

In allerletzter Minute kam ich schließlich doch noch durch die Sicherheitskontrolle und zu meinem Flieger Richtung Heimat.

Und einen Brustbeutel besitze ich trotzdem noch nicht ...

Auf der Kasseler-Hochgallhütte traf ich zufällig Werner, und wie üblich verbrachten wir die halbe Nacht mit Kartenspielen. Werner sollte am kommenden Tag zwei Männer die Hochgall-Nordwand führen und ich ein Ehepaar den Normalweg zum Hochgall. Ich fragte Werner noch, ob seine Gäste für diese schwierige Tour technisch in Form wären, aber er hatte sich selbstverständlich abgesichert, und angeblich hatten sie schon mehrere klassische Eiswände der Alpen bestiegen.

Am Morgen waren Werner und seine Gäste bereits losgezogen, als ich mit »meinem« Ehepaar zum Hochgall aufbrach. Der Aufstieg verlief problemlos und am Gipfel sonnten wir uns und genossen den herrlichen Sommertag. Werner war noch nicht angekommen und ich begann mir Sorgen zu machen, denn langsam hätte auch er mit seinen Gästen eintreffen müssen.

Es verging noch eine ganze Weile, bis Werner endlich der Nordwand entstieg und zum Gipfel kam. Die Haare seines schwarzen Schnauzbartes standen waagerecht ab, für mich ein Warnsignal, ihn erst einmal nicht anzusprechen. Er trug drei Rucksäcke, zwei am Rücken und einen am

Bauch und nach einiger Zeit krochen auch die zwei Männer völlig abgekämpft dem Gipfelkreuz zu.

Werner war verärgert. Bis zur Wandmitte, erzählte er mir, ging es mehr schlecht als recht, aber immerhin. Dort gestanden ihm seine Gäste, daß sie noch nie eine Eiswand geklettert waren und auch sonst keine nennenswerten Gletscher bestiegen hatten. Bald ging gar nichts mehr, im letzten Drittel waren sie so erledigt, daß sie nur noch heulten, und nur weil Werner ihnen schließlich die bleischweren Rucksäcke abnahm, schafften sie es gerade noch bis zum Gipfel.

Bald darauf, als die ärgste Erschöpfung verflogen war, begannen die Männer zu futtern. Aus ihren Rucksäcken kramten sie ein massives Schneidebrett aus Holz, ein Küchenmesser mit mindestens 20 Zentimeter Klinge, eine halbe Speckseite, drei lange Salamiwürste, ein Halbpfund Gouda, eine Schachtel Schmelzkäse, drei Brotlaibe, fünf Semmeln, zwei Literflaschen Wein, fünf Tafeln Schokolade, vier Packungen Kekse und mindestens ein Kilo Äpfel. Wir konnten unseren Augen kaum trauen, mit dem Proviant hätte man eine halbe Armee versorgen können!

Werner wurde noch wütender, als er sah, wieviel überflüssigen Ballast er herauf schleppen mußte, und nahm die beiden Rucksäcke genauer unter die Lupe. Zum Vorschein kamen: ein Wecker mit einem Durchmesser von 15 Zentimetern, zwei Wärmflaschen aus Blech, zwei leere Thermoskannen, ein Fön, ein Gaskocher, ein Kochtopf, vier Felshaken, zwei Pyjamas, zwei Paar Straßenschuhe mit Ledersohle, von der restlichen Kleidung in doppelter und dreifacher Ausführung nicht zu reden.

Werner konnte seinen Groll nicht mehr verbergen, und er stampfte so wütend mit dem Fuß auf, daß es wohl auf der anderen Seite der Erdkugel noch als Erdbeben zu spüren war.

Beim gemeinsamen Abstieg zur Hütte gab er den Männern eine ausführliche Lektion zum Thema Gewichtseinsparung.

Warum sie denn den ganzen Plunder überhaupt mitgeschleppt hätten, und warum sie das unnötige Zeug nicht dem Hüttenwirt zur Aufbewahrung überlassen hätten, fragte Werner am Schluß noch seine Gäste, die sich ziemlich kleinlaut in das hinterste Eck der Stube verkrochen.

» Ja weißt du, wir sind hier in Italien «, versuchten sie sich zu rechtfertigen, » und bekanntlich wird hier viel gestohlen. «

» Aber doch nicht euer alter Krempel und doch nicht vom Hüttenwirt ! « Werner ärgerte sich immer noch.

» Man muß jedenfalls sehr vorsichtig sein, denn man weiß ja nie «, erklärten sie lang und breit, » es gibt in Italien viele Gauner und Ganoven und ... «

» ... und die Mafia «, ergänzte ich schmunzelnd.

» Ganz genau ! « stimmte Werner mir zu und bestellte uns kopfschüttelnd zwei große Bier.

Materialtest

Käthy ist temperamentvoll wie ein Gamskitz und hat unwahrscheinliches Quecksilber im Blut. Wir zwei haben immer viel Spaß unterwegs, auch wenn sie an Jahren meine Mutter sein könnte.

Wenn am Berg allerdings der Helm aufgesetzt werden soll, grummelt sie. Er sei so unbequem, so heiß, so lästig und irgendwie auch überflüssig ...

Die Peitlerkofel-Nordwand ist eine klassische Klettertour im IV. bis V. Schwierigkeitsbereich. Nur die Schlüsselstelle bereitete Käthy etwas Kopfzerbrechen, der Rest ging im Sauseschritt. Apropos Kopfzerbrechen : Auch am Peitlerkofel, wie an jedem Gipfel, wurde – kaum angekommen – der Helm vom Kopf gerissen und eine Zigarette in den Mund gesteckt. (Bei Käthy kommt das »Aah! Welch prächtige Tour« und »Ooh! Wie herrlich hier!« immer erst viel später.)

Diesmal aber war sie allzu hektisch. Schon paffte sie wie ein Oberindianer, warf den Helm achtlos zur Seite, deutete außer sich vor Freude in alle Richtungen: »Schau da, schau dort, schau welche Aussicht!« Und schau, schon rasselte der schöne, rote Kopfdeckel die ganze Wand hinunter. Eine falsche Handbewegung, ein kleiner Stups, das war's.

Zum Glück ist der Normalabstieg ein Wanderweg, der Helm also entbehrlich.

Erzählend und scherzend bummelten wir der Peitlerscharte zu, vor mir Käthy in ihrem pinkfarbenen Stoffhütchen.

Aus heiterem Himmel ein scharfer Luftzug, ein Windstoß – schwupp – und im Nu flog auch der zweite Deckel davon. (Ehrlich gesagt, das scheußliche Ding lohnte das Jammern nicht, aber irgendwie mußte ich halt doch so tun als ob: »Oh, wie schade!« und: »Welch ein Pech!«)

Ich versprach Käthy, wenigstens nach ihrem Helm zu suchen, sobald wir zurück zum Wandfuß kämen. Dort lag er auch schon, leuchtend rot, hatte aber einen riesigen Sprung und Löcher durch die gesamte Helmschale.

Fast nicht zu glauben, aber 100 Meter weiter fanden wir auch das »schöne«, pinkfarbene Sonnenhütchen, gänzlich unversehrt und sauber.

»Siehst du, Hans«, meinte Käthy und lachte verschmitzt, »ein Helm hält keinen Sturz aus, ein Stoffhut problemlos. Der Materialtest zeigt es eindeutig, ein Helm ist völlig überflüssig!«

Die Spezialanfertigung

Ich befand mich in der Akklimatisationsphase im Basislager des Ama Dablam. Bis zu Lager 1 auf etwa 5600 m war ich bereits vorgestoßen, hatte dort ein Zelt aufgestellt und war wieder zurückgekehrt ins Basislager. Eine halbe Woche später stieg ich wieder zu Lager 1, fand das Zelt jedoch völlig zerstört. Da es in den letzten Tagen heftige Stürme gegeben hatte, brachte ich es damit in Verbindung und ärgerte mich, da das Zelt eigentlich als relativ sturmsicher gepriesen worden war.

Zurück im Basislager traf ich auf einen Teilnehmer einer deutschen Expedition. Zwischen »wie geht's ?« und »wie steht's ?« klagte ich ihm vom Pech mit meinem Zelt. Der Bergsteiger lachte : »Ja, weißt du denn nicht, wer das war ? Die Kolkraben richten gerade in diesem Gebiet schlimme Schäden an. Auch mir haben sie vor Jahren schon einige Zelte zerfetzt. Jetzt aber kann mir das nicht mehr passieren ! Ich habe ein Spezialzelt von einer Spezialfirma anfertigen lassen ! Es hat ein Spezialtuch aus einem Spezialgewebe ...« – vor lauter Spezial hörte ich schon gar nicht mehr zu. Wahrscheinlich war es noch einbruch-, brand- und erdbebensicher ?

Im selben Augenblick flatterte ein großer, schwarzer Vogel an uns vorbei, setzte sich auf den Giebel des Spezialzeltes, neigte den Kopf zur Seite, als ob er uns auslachen wollte, und hackte mit einem kräftigen Spezialschnabelschlag ein speziell riesiges Loch in das spezielle Tuch.

Verkleidung

Grundsätzlich sollte sich jeder kleiden, wie er will. Grundsätzlich am Berg den Erfordernissen entsprechend.

Wenn aber jemand im roten Alfa Romeo vor der Cinque-Torri-Hütte eine staubwolkige Vollbremsung veranstaltet, in Armani-Jeans und Lacoste-Polohemd dem Wagen entsteigt und mit goldbebändertem Arm den Kofferraum öffnet ...

Wenn dann dieser Jemand sich hinterm Auto Schicht für Schicht entblättert, anschließend mit kariertem Baumwollhemd, dicker Walkerfilzjacke, Schnürlsamtbundhose, gelben Wollstrümpfen, hohen Gletscher-Bergschuhen, Edelweiß-Halstuch und grauem Filzhut mit Gamsbart verkleidet ...

Wenn dann dieser Jemand sich einen 15-Kilo-Rucksack aufschultert, einen zwei Meter hohen Wanderknüppel faßt und losmarschiert im Paradeschritt ...

Wenn dann dieser Jemand nach einer Minute zurückläuft zum Alfa und vor jedem Reifen bergseitig einen Stein verkeilt (obwohl das Auto auf ebenem Parkplatz steht, und wenn, nur talseitig abrutschen könnte) ...

Wenn dann dieser Jemand nach einer halbstündigen Rundwanderung sich in der Hütte über seine Meisterleistung brüstet ...

... dann liegt es wohl daran, daß auf der großen Bühne der Eitelkeiten der Berg zur Nebensache schrumpft.

Skilehrer & Skihaserln

Schuhschnallen

In meinen ersten Jahren als Bergführer übte ich den Beruf vorwiegend im Sommer aus, erst später kamen im Winter Trekking- und Skitourenführungen dazu. So verbrachte ich damals die weißen Monate als Skilehrer im Skigebiet Speikboden meiner Heimatgemeinde. Doch auch heute noch macht es mir Spaß, anderen die Technik und Freude am Skifahren zu vermitteln, sofern es mir die Zeit erlaubt.

Ich leitete einen Skikurs für Fortgeschrittene, die meisten Teilnehmer kannte ich noch vom Grundlehrgang des Vorjahres. Die Gruppe sollte nach der Sommerpause erst mal wieder das richtige Gefühl für Schnee und Ski kriegen, dann wollte ich mit der Perfektionierung des Parallelschwungs fortfahren. Eine Teilnehmerin fiel ständig in den Schnee, verkantete die Skier oder überkreuzte die Spitzen, jedenfalls war sie öfter auf dem Hosenboden als auf den Beinen. Eigentlich hatte ich die Frau als gute und talentierte Skifahrerin in Erinnerung, entschuldigte aber ihre Ungeschicktheit mit der langen Skiabstinenz und sprach ihr Mut zu. Vergebens, keine zehn Meter gelangen ihr sturzlos, am Ende der Kursstunde war sie völlig geschafft.

» Ich besorge mir noch heute ein Beil «, grollte das unglückliche Skihaserl, » und hack die Bretter in tausend Stücke. «

»Weißt du was«, beruhigte ich sie, »du gehst jetzt zum Schleifservice und läßt alles kontrollieren, vielleicht stimmt an den Skikanten was nicht. Im Anschluß machen wir zusammen noch eine Privatstunde und du wirst sehen, wie du dann dahin wedelst.«

Die Skipräparierung änderte nichts an der »Sturztechnik« der Frau. Ich konnte mir nicht erklären, wie so ein sportliches Geschöpf übers Jahr das ganze Gefühl fürs Skifahren völlig verloren hatte.

»Wahrscheinlich hast du heut einfach einen schlechten Tag«, tröstete ich sie, »passiert mir auch manchmal, daß ich nicht gut drauf bin. Morgen sieht die Welt bestimmt wieder ganz anders aus.«

»Brauchst mir nichts vorzumachen von wegen schlechtem Tag«, flennte meine Skischülerin, »Tatsachen muß man ins Auge sehen können. Ich bin zu blöd zum Skifahren, und laß es deshalb auch sein. Damit du's weißt, ich komme morgen nicht mehr zum Skikurs, und sag den anderen einen schönen Gruß von mir, ich reise ab.«

Ich kann eigentlich recht gut auf Menschen eingehen, auf ihre Probleme und Ängste, die arme Frau aber vermochte ich nicht aus ihrem seelischen Tief zu holen. Ein Abschiedsgetränk wollte sie noch ausgeben, und dann für immer den Skisport an den Nagel hängen. Als wir die Skihütte betraten, stolperte sie schon wieder und lag auf dem Boden. Ich half ihr aufzustehen, streifte mit dem Blick ihre Skischuhe und sah zum ersten Mal, daß die gute Frau verkehrt in den Skischuhen stand: Sie hatte den linken mit dem rechten Schuh verwechselt, die Schnallen lagen also an den Innenseiten, wodurch sie sich auch ständig mit den Schuhen verheddert hatte.

Ein exzellenter Skilehrer, dem so etwas nicht auffällt ...

Dringende Not-Wendigkeit

Ein Skihaserl befand sich mitten auf der Piste, als es ganz plötzlich »für kleine Mädchen« mußte. Da die Skihütte noch ziemlich weit entfernt war, riet ihr Freund, sich nebenan im Wald hinter einen Baum zu stellen. Es war wirklich dringend, und so fuhr die Frau ins Gehölz und hockte sich hinter einen Baum, als im steilen Gelände ihre Skier plötzlich zu rutschen begannen, immer schneller und schneller wurden, wieder aus dem Wald zurück auf die Piste und die Abfahrtsstrecke hinunter sausten. Die Frau hockte immer noch mit blankem Popo auf den Skiern. Am Ende des Hangs verkanteten sich schließlich ihre Bretter, sie stürzte, brach sich das Sprunggelenk – und hatte endlich Zeit, sich wieder die Hosen hinaufzuziehen.

Im Krankenhaus wurde das Bein verarztet und vergipst, nur noch eine Formalität mußte erledigt werden. Neben der Patientin nahm ein Mann ebenfalls im Skidress Platz, hatte einen vergipsten Arm in der Schlinge und wartete ebenso auf den Krankenschein. Sie kamen ins Gespräch und die Frau fragte ihn, wie denn sein Unfall passiert sei.

»Das glauben Sie mir gar nicht, wenn ich ihnen das erzähle, lachen Sie sich krumm«, platzte der Mann heraus. »Ich fuhr mit dem Schlepplift hoch, als plötzlich eine Frau in der Hocke und ›unten ohne‹ neben mir die Piste hinunter brauste. Ich schaute der komischen Fuhre hinterher und mußte dermaßen lachen, daß ich aus dem Lift gefallen bin.«

Zerbröselte Zeit

Ewig war es her, daß eine rüstige Dame auf den Skiern gestanden war, an die 15 bis 20 Jahre. Sie wollte es doch wieder einmal versuchen und buchte bei mir eine Privatstunde, um die verlernte Technik aufzufrischen.

Im Outfit von damals kam sie daher und schämte sich fast mit ihrer altmodischen Ausrüstung. Für mich aber war das vollkommen unbedeutend und ich schlug vor, falls ihr das Skifahren wirklich wieder Spaß machen sollte, könne sie sich immer noch modernes Material zulegen.

Für den Schnupperkurs wählte ich leichtes Gelände, damit sie möglichst problemlos die Schwünge setzen könnte.

Als sie losfuhr, tat es plötzlich einen Knacks, und an ihrem Skischuh öffnete sich eine Schnalle. Die Frau wollte die Schnalle wieder schließen, aber der ganze Verschluß brach ab. Meine Skischülerin ließ sich nicht beunruhigen und fuhr weiter, machte eine Kurve, und eine Schnalle am anderen Schuh ging entzwei.

Die Skischülerin fuhr weiter, machte eine ... es lockerte sich die nächste Schnalle.

Die Skischülerin fuhr weiter, machte ... die Schnallenhalterung löste sich.

Die Skischülerin fuhr weiter, ... ein Riß entlang des gesamten Rists.

Die Skischülerin fuhr ... die hintere Schuhkante zur Bindungsbefestigung brach.

Die Skischülerin ... fuhr nun nicht mehr weiter ... die Außenhülle des Plastikschuhs war zerbröselt. Der altersschwache Kunststoff des einstigen Markenschuhs war in unzählige Stücke zersplittert. Die Skischülerin stand nur mehr in den Innenschuhen da, und der Schnupperkurs war nach wenigen Minuten beendet.

Schirani

Bei meinem zweiten Gipfelversuch am K2 trafen wir im Basislager auf eine koreanische Expedition. Ihr pakistanischer Begleitoffizier steckte andauernd bei unserer Mannschaft. Wir seien viel lustiger als die Koreaner, meinte er und lief ständig hinter einem von uns her.

Die Steigeisen faszinierten ihn gewaltig. »Kaktusschuhe« nannte er sie, und als ich ihm ein Paar lieh zum Ausprobieren, stapfte er stundenlang damit herum. Er begleitete damit sogar die Koreaner bis ins Lager 1, und glaubte, auch den Gipfel des K2 leicht schaffen zu können, obwohl er in seinem Leben noch keinen Gletscher begangen hatte. Ich warnte ihn mit Nachdruck vor den Schwierigkeiten und Gefahren am Berg und holte ihn zurück auf den Boden der Tatsachen, zeigte ihm meine Ausrüstung und erklärte deren Funktion.

Als er aber meine Skier entdeckte, die ich zur Gipfelabfahrt mit dabei hatte, war er total aus dem Häuschen. Ich sollte ihm unbedingt beibringen, wie sie zu gebrauchen seien. Nach kurzer Erklärung schlüpfte er in meine Skischuhe und versuchte die ersten Schwünge. Er war ein Naturtalent, denn keiner meiner bisherigen Skischüler war so schnell mit den Brettern verwachsen wie er.

Schi-Rani sagte Hans M. zu ihm, Rani heißt soviel wie »meine Freude«. Der Offizier schmunzelte über seinen neuen »Titel« und wurde fortan von allen nur mehr Schirani genannt.

Das einzige Problem war, dem Mann das Skifahren wieder abzugewöhnen, denn jeden Tag bettelte er, eine Runde mit den Skiern drehen zu dürfen. Ich aber wollte damit vom K2 abfahren und konnte mir nicht leisten, am Schluß möglicherweise nur mehr Kleinholz zu besitzen ...

Hätte ich gewußt, daß mir der Gipfel sowieso nicht gelingt, hätte ich Schirani sein Training fortsetzen lassen. Vielleicht trüge er dann bei der nächsten Winterolympiade die Fahne Pakistans ...

Die Horrorpiste

Einer älteren Dame gab ich Privatstunden am Speikboden, meinem heimatlichen Skigebiet. Ein halbes Leben lang war sie nicht mehr auf den Skiern gestanden und hatte wieder Lust, es zu versuchen. Sie war zwar etwas ängstlich, aber talentiert und schon nach kurzer Zeit erlernte sie die moderne Fahrtechnik.

Als Krönung der Kurstage und auf ihren besonderen Wunsch wollten wir zusammen die Talabfahrt machen. Ich war mir sicher, daß die Piste trotz ihres Schwierigkeitsgrads für meinen Gast nicht das geringste Problem darstellen würde, daß wir vielmehr viel Spaß dabei haben würden.

Von der Mittelstation drehten wir gerade die ersten Schwünge talwärts und hatten bereits eine steile Passage gemeistert, als die Frau eine kurze Verschnaufpause einlegen wollte. Im selben Augenblick schoß ein Skifahrer wie ein roter Pfeil den Steilhang herab, steuerte kerzengerade auf uns zu, zischte gerade noch an uns vorbei und krachte zehn Meter weiter unten in die Fangzäune. Kopfüber hing der Mann zappelnd wie ein Fisch im Netz.

Ich fuhr sofort zu dem Verunglückten und wollte ihm aus der mißlichen Lage helfen, er aber winkte ab und lachte mir zu. Es war ein Skilehrerkollege, der allzu stürmisch und etwas feuchtfröhlich unterwegs, sich auf einer Eisplatte verkantet hatte.

Vor Schreck erstarrt stand meine Skischülerin am Pistenrand. Als sie den Skilehreranzug erkannte, schnallte sie kurz entschlossen die Skier ab, nahm sie auf die Schultern und stapfte zu Fuß Richtung Tal. Schluß, aus und Amen. Wenn hier schon Skilehrer in die Fangzäune flögen, dann hätte sie auf dieser Horrorpiste ganz bestimmt nichts zu suchen ...

Am Babylift

Am Skilift der Talstation am Speikboden hielt ich einen Anfängerkurs. Ich erklärte meiner Gruppe die Grundtechniken wie Gewichtsverlagerung und Stockeinsatz, wir übten den Schneepflug und waren nach einiger Zeit so weit, daß wir mit dem sogenannten Babylift hochfahren und den flachen Hang in der Schneepflugtechnik versuchen konnten.

Oben angelangt, fuhr ich voraus, machte einen weiten Bogen, hielt an und erklärte meinen Schülern ausführlich, wie sie es nachmachen sollten. Als erster folgte mir ein Mann und zog sauber einen Bogen, ihm folgte ein zweiter, dann war eine Frau an der Reihe. Sie setzte an zum Schneepflug, machte den Stockeinsatz und den halben Bogen, richtete sich auf und fuhr dann geradeaus Richtung Tal, ohne durch Gewichtsverlagerung die Kurve zu beenden. Sie rutschte langsam im Schneepflug bergab.

Ich rief ihr zu, sie solle den Scherenwinkel vergrößern, dadurch würde die Fahrt abgebremst und zum Stillstand kommen. Genau in ihrer Fahrtrichtung stand außerdem ein kleiner Strauch, im Notfall würde der sie abbremsen, dachte ich mir, und da das Gelände flach war, bestand keine große Verletzungsgefahr. Auch wenn sich meine Skischülerin ganz einfach auf den Hosenboden hätte fallen lassen, wäre mit dieser rustikalen Bremsmethode sicher nichts passiert.

Die Frau allerdings verfehlte den Strauch, verkleinerte den Scherenwinkel, war bald im Parallelstil unterwegs und gewann zusehends an Geschwindigkeit.

Mir war die Situation nicht mehr ganz geheuer und ich betete zu allen Heiligen und Gesalbten, daß die Frau wenigstens stürzen möge, solange das Tempo noch nicht allzu groß war. Wie betoniert stand sie jedoch kerzengerade auf den Skiern, versuchte weder Stockeinsatz noch sonst irgendwas, um die olympiaverdächtige Schußfahrt zu beenden.

Mittlerweile waren auch andere Pistenbenützer auf die unkontrollierte Fuhre aufmerksam geworden und nahmen links wie rechts Reißaus.

Das nächste Hindernis war ein Liftmast, der unten mit Matten verkleidet war, die einen Aufprall mildern sollten. Die Frau schoß zielgerade auf die Matten zu, verlagerte im letzten Moment leicht ihr Gewicht und fuhr haarscharf auch an diesem Prellbock vorbei.

Jetzt gab es nur noch eines, was sie aufhalten konnte: die Fangzäune, die den gesamten Bereich des Pistenauslaufes säumen. Normalerweise gehen Stürze in diese Zäune glimpflich aus, zumal durch die flache Hangneigung keine großen Geschwindigkeiten entstehen. Meine Schülerin aber kam ja von ganz oben im Schuß daher und hatte dermaßen Tempo auf den Brettern, daß ich schon das Schlimmste befürchtete.

An einer Stelle dieser endlos langen Auslaufumzäunung war ein etwa halber Meter breiter Spalt für Fußgänger, vor allem für Eltern, die ihren Knirpsen bei deren ersten Schwüngen zusehen wollen und so auch zu Fuß auf die Piste gelangen können.

Genau auf diesen Spalt raste meine Schülerin zu, ich traute meinen Augen nicht, wußte aber, daß der Spalt so schmal ist, daß eine Person nur seitlich durchschlüpfen kann. Der Zaun würde sie also bremsen. Die Frau aber peilte in voller Fahrt auf den Spalt zu, passierte ihn ungebremst, übersprang eine meterhohe Böschung, schliff mit den Skiern über den Asphalt und kam mitten auf der Hauptstraße zum Stehen, an einer Stelle, die vor einer Sekunde noch ein Lkw passiert hatte ...

Wie fährt man Ski?

Mit einer Gruppe meiner Alpinschule war ich in den Pragser Dolomiten unterwegs auf Skitour zum Dürrenstein, dem nur 150 Meter zum Dreitausender fehlen. Ein Gast, der schon mehrere meiner Kurse in Fels und Eis besucht hatte, meldete sich ebenfalls an, bat jedoch, ob wir ihm Skier und Schuhe leihen könnten. Dies war kein Problem und so starteten wir frühmorgens auf der Plätzwiese und zogen unsere Spuren in den großflächigen Westhang des Dürrensteins.

Weil auch konditionell schwächere Teilnehmer in der Gruppe waren, legten wir ein gemütliches Tempo ein. Nach gut zwei Stunden erreichten wir den Gipfel. Glücklich, das große Ziel geschafft zu haben, zogen wir die Felle von den Skiern und freuten uns auf die Abfahrt. Wir waren fast schon startbereit, als mich mein Stammgast verstohlen zu sich heranwinkte und mir zuflüsterte, ich solle ihm nur kurz erklären, was er jetzt tun müsse.

»Wie, was tun?« fragte ich zurück.

»Ja, wie man Kurven macht, und was man mit den Stöcken tut, und wie man bremst, wie man halt Ski fährt«, antwortete er.

Vollkommen fassungslos schaute ich den Mann an und wußte im ersten Moment gar nicht, was ich sagen sollte, als er fortfuhr:

»Weißt du Hans, ich stehe heute zum ersten Mal auf Skiern und habe keine Ahnung.« Und dies auf 2850 Metern ...

Sportsgeist

Fußballkarriere

Sportlich gesehen war ich nie besonders vielseitig, mit Klettern, Skifahren und etwas Berglaufen beschäftigte ich mich dermaßen intensiv, daß ich für andere Disziplinen weder Zeit noch Interesse hatte. Meine Karriere als Fußballstar war kurz und bescheiden, nicht mal für die Reservebank der Färöer-Insel-Liga hätte es gereicht.

Ich trainierte für den Lhotse, lief die übliche Runde über die Bergwiesen meines Heimatortes Ahornach, als ich am Fußballplatz vorbeikam, dem einzig ebenen Fleck des Dorfes. Das Fußballspiel war bereits im Gange, als ein Freund vom Platz rannte und mir schon von weitem zufuchtelte: » Hans, anhalten ! « schrie er. » Du mußt uns unbedingt aushelfen ! Wir haben ein wichtiges Spiel, Einheimische gegen Feriengäste, und uns fehlt ein Mann. «

» Ich hab noch nie im Leben Fußball gespielt «, winkte ich ab, » kenn nicht einmal die Regeln. «

» Das macht nichts «, sagte er und schon zerrte er mich am Ärmel aufs Spielfeld, » da drüben ist unser Tor und hier das der Gegner. Du brauchst nur dem Ball nachzulaufen und mußt versuchen, dieses Tor zu treffen. «

Hineingeworfen wurde ich in das Spiel, und ohne richtig mitzukriegen, was mit mir geschah, befand ich mich in einem Knäuel aus Ellbögen, Knien, Waden und dem Ball.

Von Positionen hatte ich ebenso wenig Ahnung wie von einem Abspiel an die Mannschaftskameraden. Ein taktisches Abwarten, bis mir der Ball zugeschossen würde, war mir fremd, also übernahm ich von Mittelstürmer bis Libero jede Funktion, stand sogar im eigenen Tor, nur weil ich glaubte, unsere Nummer 1 würde es allein nicht schaffen. Wie ein Verrückter jagte ich dem runden Leder hinterher, querfeldein über den ganzen Platz, wie mit Scheuklappen rannte ich durch die Gegend, sah nur zwei Dinge : Ball und

Tor, stürmte wie aufgedreht und gönnte mir keine Verschnaufpause.

Da kam sie, die Gelegenheit: Ich erwischte die Kugel, kein Gegenspieler um mich herum, wenige Meter vor mir der Netzkasten, ich sah den Ball schon im Tor, holte aus zum Schuß – und knallte mit voller Wucht meinen Fuß in den Rasen.

Das Resultat: Brennender Schmerz, der große Zeh stand ab wie ausgekugelt. Die Diagnose: Gelenk des rechten Zehs gesprengt. Und in ein paar Wochen sollte es zum Lhotse gehen. Ich überspielte die Verletzung, wollte sie nicht wahrnehmen, dachte, wenn ich ins Krankenhaus ginge, sei eine Operation unumgänglich, mein Achttausender gestrichen.

Den Gipfel erreichte ich trotz Schmerzen, der Zeh ist heute noch verkrüppelt – für ein wahrhaft gewichtiges Ergebnis: 5 : 2 für die Gegner meines ersten und letzten Fußballspiels.

Vergaloppiert

Seefeld: Sportwettkampf »Tirol x 12«, was soviel bedeutet wie zwölf verschiedene Sportarten in zwölf Stunden. Ein Wettbewerb, der mich interessierte, überaus reizvoll fand ich diese Miniolympiade.

Die geforderten Disziplinen waren: Skifahren, Klettern, Mountainbiken, Schwimmen, Reiten usw. Eine der vorgegebenen Aufgaben konnte man individuell weglassen, jene, bei der man glaubte, die größten Schwachstellen zu haben.

Für mich war die Entscheidung knifflig, da ich erstens wasserscheu bin, wenn ein Gewässer Badewannengröße überschreitet, und zweitens ich mein Glück auf Erden noch nie auf dem Rücken von Pferden gesucht hatte.

Jedoch die Schande, bekennen zu müssen, daß ich gar nicht schwimmen konnte, wollte ich mir ersparen. Und ein Roß, dachte ich, sei schon irgendwie zu bändigen, und, optimistisch betrachtet, bringen Hufeisen ja Glück. Schwimmen wurde also gestrichen.

Prima lief's, geradezu phantastisch beim Skifahren und Klettern, nach einem Gutteil der Aufgaben lag ich an der Spitze. Dann folgte das Reiten: Eine langmähnige Blondine harrte meiner schon am Zaun und beäugte mich sanft mit ihren rehbraunen Augen. Das gut gebaute Haflingermädel erduldete meinen lässigen, bonanzareifen »Sattelaufsprung« und schon ging's dahin im Zotteltrab. Irgendwie sollte ich dem Tier beibringen, daß hier ein Wettlauf stattfindet. Ich tätschelte es am Hals, was es nicht weiter beeindruckte. Das erste Hindernis erschien und der sanftmütige Gaul nahm gemütlich den einfachsten Weg drumherum. Lenker und Bremse hatte ich offenbar noch nicht richtig im Griff.

Jetzt drückte ich dem Pferd in die Flanken. Hab' wahrscheinlich den falschen Knopf erwischt, es wurde jedenfalls der Start für eine Höllenfahrt mit einem PS. In wildestem Galopp stob der Mustang davon, wie von einer Meute Indianer verfolgt. Elegant übersprang er den Umzäunungsbalken des Wettkampfgeländes und tobte weiter in die Prärie. Mir war es unmöglich, den rasenden Hafermotor abzuschalten.

Ich lies die Zügel los und griff verkrampft in die Mähne, um nicht in hohem Bogen aus dem Sattel geschleudert zu werden. Die Blondine fand das weniger amüsant, noch fuchsteufelswilder wurde der Amokritt.

Das Roß lief wie in Trance, Felder und Wiesen wurden im Zeitraffer genommen.

Plötzlich blieb das Tier wie angewurzelt stehen, tat vor Schreck keinen Schritt mehr. Vor uns lag das Teerband der Schnellstraße, die Autos flitzten an uns vorbei, jeder Lkw verpaßte uns eine Windohrfeige.

»Bitte stehen bleiben, liebes Pferdchen«, flüsterte ich, »nur ruhig, mein braves Mädchen.«

Ich traute mich nicht zu bewegen, hing auf dem Gaul wie ein Sack und wußte nicht, wie ich das Wendemanöver bewerkstelligen sollte.

Eine Ewigkeit verging, bis ich den Rest meiner Entschlußkraft zusammenkratzte und mich langsam vom Rücken des Pferdes gleiten ließ. Vorsichtig nahm ich das Roß am Zügel und gemütlich und seelenruhig trotteten wir nebeneinander dem Ziele zu.

Wasserspiele

Wasser war für mich ein neutrales Element, nicht greifbar wie Erde, gefährlich wie Feuer, spür- und riechbar wie Luft. Wasser war einfach nur Wasser.

Nach einer Besteigung des Moosstocks, meines Hausbergs, tummelten wir uns an einem Frühsommertag am Rande des darunterliegenden Sees. Meine Freunde zeigten mir, wie man flache Steine übers Wasser hüpfen läßt und auch ich hüpfte übermütig am Rande des Sees herum und balancierte von Stein zu Stein. Ein unsichtbarer Eisschleier aber hatte sich über einige Steine gezogen. Plötzlich rutschte ich auf einem davon aus und fiel in den See. Von Schwimmen hatte ich keine Ahnung, und je mehr ich um Hilfe schrie, um so mehr Wasser verschluckte ich.

Meine Freunde standen am Seeufer und lachten. Doch meine wilde Strampelei trieb mich immer weiter der Seemitte zu. Langsam bemerkten auch meine Kameraden, daß mir im eisigen Naß die Kraft ausging und ich mich immer weniger gegen die verschlingende Tiefe wehren konnte.

Es war wirklich im allerletzten Moment, als ich den Strick erfassen konnte, den die anderen mir aus zusammengebundenen Kleidungsstücken zuwarfen und mit dem sie mich dann ans rettende Ufer zogen.

Seitdem bewundere ich Bergseen aus respektvoller Entfernung. Sicher ist sicher ...

Die Heilung meiner erfrorenen Zehen vom Kangchendzönga dauerte ewig, mir kam es jedenfalls so vor. Vor allem war ich gebremst in meinen Plänen und langweilte mich entsetzlich.

Da kam Mike eines Tages mit einer blendenden Idee: Wenn ich schon nicht in die Berge gehen könnte, so könnte man gemeinsam die Zeit nützen, endlich die Panik vor dem Wasser abzulegen und schwimmen zu lernen.

»Wir fahren an die Adria, dort ist das Meer nicht zu stürmisch, es gibt herrliche Strände, niemand kennt uns, und keiner lacht uns aus, wenn unser Stil nicht ›Van-Almsick‹-reif ist«, meinte er.

So starteten Mike und ich in die Hochburg der touristischen Bratanlage, die zu dieser Jahreszeit aber wenig besucht war.

Wir nahmen uns einen Schwimmlehrer, der gleichzeitig auch Tauchlehrer war, und nach einigen Grundübungen im Schwimmen bildete ich mir ein, daß Tauchen mir eher gefallen würde. Am nächsten Tag quetschten wir uns in Neoprenanzüge und probierten die ersten Tauchgänge. Es machte mir richtig Spaß, und ich begann zum ersten Mal in meinem Leben das Element Wasser zu lieben. Mit dem Boot wagten wir uns immer weiter hinaus ins offene Meer und tauchten für den Rest unserer Urlaubstage ab, im wahrsten Sinne des Wortes.

Wieder zuhause angekommen, glaubte man uns kein Wort. Mike und ich erzählten von den erlebnisreichen Tiefgängen, aber daß wir in so kurzer Zeit Tauchen erlernt hätten, wir, die wir mit 40 Jahren nicht mal schwimmen konnten, das klang für unsere Frauen so, als hätten wir eine Astronautenausbildung gemacht.

Wer weiß, was wir in dieser Zeit alles unternommen hätten, meinten Rosi und Brigitte vielsagend, jedenfalls, getaucht seien wir ganz bestimmt nicht. Sie forderten Fotos als Beweismaterial, aber auf Mikes Film war außer Fußplantscherei im Hotelschwimmbad wenig dokumentiert.

Und weil ich Schwimmen immer noch nicht richtig kann, glaubt man mir die Tauchgeschichte bis heute nicht.

Vor dem Abmarsch zum Nanga Parbat verweilten wir einige Tage in Islamabad, um verschiedene Formalitäten zu erledigen. Es war furchtbar heiß und schwül. Die Vorstufe der Hölle, nannte es Diego, und auch Wolfi und ich litten an den über 40 Grad im Schatten. Nur der Ventilator unseres Hotelzimmers verschaffte etwas Abkühlung, und so dösten wir auch tagsüber in den Betten. Eines Nachts gab es ein heftiges Gewitter, ein Blitz schlug in das Hauptstromnetz ein und legte das ganze Stadtviertel lahm. Für zwei Tage funktionierte kein elektrisches Gerät mehr, die Erfrischungsgetränke waren lauwarm und natürlich drehte sich auch unser Ventilator nicht mehr.

Am Vormittag ging es noch einigermaßen, aber für den

Rest des Tages wurde die Hitze unerträglich. Ich kam gerade von einem Behördengang zurück, als ich hinter dem Hotel ein Schwimmbad entdeckte. Es war zwar mit Laub und allem möglichen Abfall verschmutzt, aber zum Plantschen reichte es allemal. So rief ich Diego und Wolfi, sie sollten vom Hotelzimmer herunterkommen und zeigte ihnen die Abkühlungsmöglichkeit.

»In die Gülle bringt mi keiner!« rief Diego abschätzig.

»Du mußt ja nicht groß herumkraulen«, antwortete ich, »nur so ein bißchen ....«

»Dann mach's doch!« Schon gab mir Diego einen Schubs und ich plumpste samt der Kleidung ins Wasser. Im Fallen wollte ich noch meine Handtasche ins Trockene werfen, doch auch sie platschte mit hinein. Diego schlug sich auf die Schenkel vor Lachen –, Wolfi gab ihm einen Schubs und so landete er doch in der Brühe.

In meiner Tasche waren das gesamte Geld für die Expedition, mein Ausweis und sämtliche Genehmigungen, Tickets und Adressen. Ich fluchte wie ein Scherenschleifer, als ich samt der Tasche am Beckenrand auftauchte. Das verschluckte Wasser versuchte ich noch auszuspucken, dann machte ich mich daran, die Papiere zu trocknen. Die halbe Hotelwiese tapezierte ich mit Geld und Dokumenten, der wichtigste Zettel aber, die Genehmigung für den Nanga, steckte zum Glück in einer Klarsichtfolie, und so gelang es, den gesamten Inhalt der Tasche zu retten.

Diego schien besser davongekommen zu sein. Er zog seine nasse Jeans und sein T-Shirt aus und witzelte über mich und das Muster auf der Hotelwiese.

Am nächsten Tag lagen Wolfi und ich wieder genüßlich unterm rotierenden Hotelventilator. Diego hingegen der schleppte sich schwitzend durch Islamabads Gassen. Er hatte den Reisepaß vergessen aus der Jeans zu nehmen und zu trocknen, und so war der Ausweis bis zur Unkenntlichkeit zusammengeschrumpelt. Und der Weg zur Schweizer Botschaft war noch weit.

Der tiefe Fall

Weltpokalabfahrt in Gröden: das jährliche Ski-Topereignis Südtirols mit Rahmenprogramm. Mittendrin Sigi und ich auf Einladung meiner Skifirma.

Das Abfahrtsrennen faszinierte mich unwahrscheinlich. Aber auch das ganze Drumherum war erlebnisreich und lustig, bis Sigi am Rande des Festplatzes den riesigen Kran einer Bungee-Jumping-Anlage erblickte und nicht mehr zu bändigen war.

Wie Obelix vor dem Wildschweinbraten und völlig aus dem Häuschen stand er vor dem Kran: »Auffi muaß i, und runterhüpfen, das ist waaahnsinnsmegasteil!«

Sigi stürmte schon los, um sich für den nächsten Sprung anzumelden. Ich hinterher, zerrte ihn am Hemd und wollte ihn vor dem sicheren Unglück bewahren. Plötzlich machte er eine Vollbremsung, drehte sich um und wurde unmißverständlich: »Du sagst so was? Du, dessen Leben ein Tanz auf dem Vulkan ist? Du hast Angst vor dem Springen?! Ich geh jetzt rauf und springe, und wenn du nicht sofort nachkommst und auch springst, bist du ein ausgewachsener Angsthase, und für mich Laus und Luft!«

Und er sprang! Sigi, der 120-Kilo-Mann, sprang.

Der Kranarm wird sich biegen, das Seil wird reißen, die Karabiner werden brechen! Aber nichts von alledem geschah.

Und ich stand da und schwitzte Blut und Wasser. Wie benebelt stieg ich den Kran empor, legte sämtliche Schalter in meinem Hirn um, drückte die Augen zu und sprang.

Tief war der Fall und endlos – wie der der Perle, die aus meiner Krone fiel, weil jeder mit meine Angst ansehen konnte.

Formel 500

Mein erstes Auto

Natürlich konnte ich mir als Lehrling kein neues Auto leisten, endlich aber reichte es wenigstens für ein gebrauchtes, einen Fiat 500. Zugegeben, es war nicht groß, aber es war meins. Den Freunden erzählte ich von der unheimlichen Leistung, die unter der Motorhaube steckte, und beim Start – trumpfte ich auf mit geschwollener Brust – würde es einen wie bei einem Rennauto geradezu in die Sitze drücken.

Die erste Herausforderung war die Fahrt zu einer Klettertour am Piz Ciavazes mit Erich, dem Schweiger. Herrlich, die Gadertaler Straße mit den vielen Kurven, elegant, wie mein Schlitten wie im Slalom dahinsauste.

Erich sagte nichts.

War ihm schlecht oder staunte er wortlos über meine Edelkarosse?

Ab Corvara wurde es steiler und zum Grödner-Joch hoch schnaufte mein heißer Ofen natürlich schon ein bißchen, ist ja auch verständlich.

Erich sagte nichts.

Ein vollbesetzter Reisebus kam von hinten, fuhr mir fast auf die Stoßstange und überholte mich.

Aus dem Augenwinkel sah ich Erich grinsen.

Kurz vor dem Grödner-Joch stotterte mein Fünferle ein wenig, vielleicht liegt es nur am holprigen Straßenbelag, tröstete ich mich. Nun aber ging's wieder bergab. Toll, wie mein Flitzer hinunterzischte und hinüber Richtung Sella-Joch.

Erich sagte nichts.

Nur noch die letzte Steigung zum Sella-Paß stand bevor. Wieder ging's gewaltig bergauf! Daß da jeder Wagen gefordert wird, ist klar. Klar, daß es wieder langsamer ging. Etwas ruckartig zuckelten wir dahin, trotz Vollgas. Aber immerhin, man will ja nicht rasen. Bald haben wir's geschafft, nur noch ein paar Meter zur Paßhöhe, im Schritttempo.

Erichs Kommentar nach zwei Stunden des Schweigens: »Hast recht, ist schon erstaunlich, die 30-PS-Leistung. Echt gewaltig, wie es einen in die Sitze drückt...«

Die Erste vergißt man nie

Meine ganze Jugendzeit waren wir zusammen, teilten schöne und harte Stunden, bereisten Berg und Tal, sahen Mond und Sonne, waren ein eingespieltes Team.

Ein einziges Mal ließ sie mich sitzen, schon leicht kränkelnd. Nach einer Tourenwoche in der Brenta wollte sie nicht mehr. Verweigerte sich. Meine Benzinkutsche sprang nicht mehr an. Wäre es bergab gegangen, hätte ich ihren Kreislauf wieder ankurbeln können, aber es ging bergauf.

Einheimische sahen die Auseinandersetzung mit meiner Blechgeliebten, und als wir gemeinsam anschoben, erwachte sie wieder wie ein Phönix... Hätte ich ihnen wenigstens danken können, ich schäme mich heute noch, daß mein Italienisch so ungenügend war.

Der Schwächeanfall in der Brenta war der Anfang vom Ende. Bald darauf landete mein Fünfhunderter im Autohimmel.

Die zweite war rassiger, größer, stärker, temperamentvoller. Der Trennungsschmerz war bald vergessen, hatte ich doch nun ein viel flotteres Rädchen.

Die Rückfahrt von der Ortler-Nordwand war der ideale Fitneßtest.

Eine lange Gerade lag vor mir und mein Bleifuß stieg ins Pedal des 127er Fiat. Elysische Gesänge stimmte der Motor an, als er so richtig auf Touren kam. Die Landschaft flitzte vorbei, als säßen wir in einem Schnellzug.

Nur die Landschaft? Kam da nicht so ein Mops auf vier Rädern von hinten, sauste an mir vorbei, war in meinem Augenwinkel nur als farbiger Strich wahrzunehmen?! Kein Porsche, kein Ferrari, eine Fata Morgana: die Reinkarnation meines Fünfhunderters, identisch in Farbe und Chassis.

Ich hinterher wie die Feuerwehr! Der Motor lief heiß und war fast am Zerplatzen, ich im Fieber des Jägers. Es war mir unmöglich, den Frechdachs zu fassen, die aufgemotzte Kiste verschwand bald als ferner Punkt am Horizont. Wie Napoleon nach Waterloo verstand ich die Welt nicht mehr.

Das erste Auto in meinem Leben, das diese Bezeichnung verdiente, vernichtend geschlagen von einem rasenden Teekesselchen.

Formel 500

Drei Uhr nachts. Richard und ich unterwegs nach Hause, beide schwer gezeichnet vom rauschenden Wiesenfest, beide per Formel 500 am Steuer eines Fiat-Bonsai.

Als die Ampel grün zeigt, bieg ich ab nach links, nach links, nach links um die Ampelinsel herum. Richard hinterher mit quietschenden Rädern, Stoßstange an Stoßstange im Kreis.

Nürburgring für kleine Jungs. Ampelrallye vom Feinsten! Heulende Motoren auf Hochtouren, krächzendes Getriebe, rauchender Auspuff. Ekstase in Benzinwolkenduft. Muskelkraft gegen Zentrifugaldruck.

Grand Prix der Straßenflöhe im Motodrom des Übermuts.

Boxenstopp !!!

Rote Kelle vor der Nase – das Auge des Gesetzes – zwei Polizisten mit Rottweilermiene. Und ab mit uns in die Kaserne. Italienisches Kauderwelsch, Schreckstarre im Hirn und Fusel im Kopf bewirkten, daß wir weder ein Wort verstanden noch rausbrachten.

Was wir zu unserer Verteidigung vorzubringen hätten als Argument gegen eine Nacht im Knast,ahnten wir mehr aus Mimik als aus den Worten. Lange genug hätten sie uns zugesehen und gehofft, wir würden unser Privatrennen von selbst beenden.

»Wollten wir ja auch«, gestand Richard mit Teddybärblick, »wir konnten uns nur einfach nicht entscheiden, in welche Richtung wir fahren sollten.«

Eine saftige Strafe erleichterte Geldbeutel und Routenwahl.

Überhaupt habe ich die heißesten Autogeschichten alle mit Richard erlebt. Meistens besaß er alte Klapperkisten, die er sich selbst zusammengebastelt hatte und die den Vorteil hatten, daß er nicht groß darauf aufpassen mußte, ein Kratzer mehr oder weniger fiel bei diesen Leukoplastkutschen sowieso nicht auf, und Dellen sammelte er wie Trophäen seiner nächtlichen Autorallyes. Wahrscheinlich schlitterten wir auf der Straße viel öfter knapp an einer Katastrophe vorbei als bei den gefährlichsten Abenteuern am Berg.

Richards Paradestück war der Lenkradschwenk: Er hatte das Lenkrad nie fixiert, sondern nur auf den Vierkantbolzen der Lenksäule aufgesteckt. Auf geraden Straßenstrecken konnte es passieren, daß er während der Fahrt kurz das Lenkrad abnahm und es dem Beifahrer in die Hände drückte, mit der Bemerkung: »Fahr du jetzt weiter.«

Oder er kurbelte – wohlgemerkt während der Fahrt – die Seitenscheiben herunter, stieg beim Fahrersitz aus, kletterte übers Dach, kroch beim Fenster des Beifahrersitzes wieder herein und setzte sich hinters Steuer, als wäre nichts gewesen. Einmal haben Hubert und ich schnell die Fenster zugemacht, während Richard gerade auf dem Autodach war. Hubert setzte sich hinters Steuer, Richard schlug mit den Fäusten fast Dellen in das Blechdach. Dabei mußten wir dermaßen lachen, daß Hubert die Kontrolle über die Rostlaube verlor, einen Schneewall rammte und über 50 Meter in Schräglage auf zwei Rädern weiterfuhr. Richard klebte während der ganzen Aktion auf dem Autodach – danach strich er diese Nummer aus seinem Repertoire.

Eines Winters gab es jede Menge Neuschnee in Sand in Taufers. Richard und ich waren zu nächtlicher Stunde unterwegs und beobachteten die Schneeräummaschinen. Die Pflüge schoben riesige Schneeberge zusammen, die dann von einem Schaufelbagger auf einen Lkw geladen und abtransportiert wurden. Es fiel uns nichts Besseres ein, als das ganze Dorf nach Schneehaufen abzusuchen, in die wir dann mit Vollgas hineinrauschten. Es war unheimlich lustig, in den weichen Schnee zu flitzen, daß das Pulver nur so stob. Jeder Schneeberg war aber nur einmal »befahrbar«, weil er dann in sich zusammenfiel. Außerdem mußten wir auf der Hut sein, damit uns die Räumkommandos nicht erwischten.

Der letzte Schneeberg war nicht sehr groß, den wollten wir total niederrasieren. Mit heulendem Motor und der Tourennadel im roten Bereich peilten wir den Haufen an, schossen hinein wie eine Rakete – und knallten mit voller Wucht auf Widerstand, daß es uns aus den Sitzen schleuderte. Im Schneehaufen stand ein Hydrant ...

Diavorträge

Wenn Herbstnebel in die Täler kriechen und Dohlen von den Jöchern herunterziehen, bin ich oft unterwegs auf Vortragsreise. Über Wochen toure ich durch halb Europa, zeige Bilder und erzähle von meiner Bergwanderschaft.

Ich mag diese Zeit, den Kontakt mit den Menschen, ihre Begeisterung und das Leuchten in ihren Augen, wenn ich von meinen Abenteuern erzähle. Noch mehr freut es mich, wenn ich die Menschen durch meine Erzählungen motivieren kann, selbst in die Berge zu gehen. Der Gipfel ist dabei nicht so wichtig, nicht dessen Höhe oder Schwierigkeit, denn das Ziel ist der Weg dorthin. Bergsteigen ist ein Wandern in sich selbst, das zu den besten Therapien für Körper und Geist zählt.

Viele nette Episoden habe ich bei meinen Vorträgen erlebt, Versprecher, kuriose Publikumsfragen oder andere heitere Begebenheiten. Neugierig geworden? Dann krame ich schon mal in meinem Gedächtniskästchen:

Meine erste Diasammlung stellte ich in kleinem Kreis vor, später baten mich Gastwirte um einen Vortrag zur Unterhaltung ihrer Hausgäste. Damals zeigte ich vorwiegend Kletterbilder aus den Dolomiten und Gipfelbesteigungen der heimatlichen Gletscher. Schüchtern wie ich war, fiel mir das Erzählen nicht leicht und so bastelte ich mir einen Text zusammen, den ich fast auswendig herunterleierte.

Dann kam mein erster großer Auftritt: Auf Einladung des Tourismusvereins sollte ich im Bürgersaal von Sand in Taufers einen Vortrag halten. Ich freute mich zwar über die Einladung, hatte aber eine Heidenangst, das erste Mal vor großem Publikum sprechen zu müssen, und schon Tage vorher war ich nervös und kaum ansprechbar.

Hubert half mir, Projektor, Leinwand und Magazine einzustellen, und ich war froh, denn mit meinen zittrigen Händen konnte ich sowieso nicht viel anfangen.

Der Bürgersaal war voll bis zum letzten Platz, zahlreiche Feriengäste waren gekommen, aber auch viele Bekannte und Freunde, was mir die Kehle erst recht zuschnürte. Das Licht ging aus, die Musik lief vom Band und die ersten Bilder leuchteten auf der großen Leinwand.

Die Bildfolge war immer die gleiche: Zuerst stellte ich mein Heimatdorf Ahornach vor, dann erzählte ich über mich und meine Hobbys, bis ich schließlich zu den Bergabenteuern kam. Es erschien also die Bildfolge, die meinen bisherigen Lebenslauf vorstellte, und ich erklärte voll Begeisterung:

»Was neben dem Bergsteigen aber mein absolut liebstes Hobby ist, zeigt das folgende Bild ...« Und das ganze Publikum lachte schallend wie auf Kommando!

Komisch, dachte ich für mich, bei diesem Bild hat bisher noch niemand gelacht und es dauerte, bis ich endlich selbst zur Leinwand blickte: Eine leichtbekleidete Eva räkelte sich dort in Überlebensgröße, – meine rote Motocrossmaschine, die eigentlich auf dem Bild hätte sein sollen, war verschwunden.

Bis sich das Publikum wieder beruhigt hatte, war schon der halbe Vortrag vorbei, und als ich mit hochrotem Kopf herumstammelte, daß jemand das Bild ausgetauscht haben müsse, hörte es sowieso niemand.

Huberts Streiche waren berühmt-berüchtigt, nur er selbst bestritt natürlich immer hartnäckig, der Missetäter gewesen zu sein. Ich war freilich auch kein braver Betbub, vielmehr hatte Hubert in diesem Fall Anlaß zu einer kleinen Rache:

Tage vorher, bei einem seiner heißen Flirts nämlich, hatte ich ihm heimlich einen Zementsack auf die Autositze gelegt.

Als Hubert seine Flamme von der Disco nach Hause fahren wollte (oder auch nicht ...), mußte er erst einmal den schweren Sack entfernen. Dabei brach die Papierhülle, der ganze Zement verstreute sich im Wagen – und die rosarote Romantik in alle Winde ...

*

Die Multivisionsschau beginnt. Licht aus, alles dunkel. Ein Handyklingeln in der erwartungsvollen Stille.

Das Publikum kichert. Nach kurzer Zeit aber verstummt der Störenfried.

Räuspernd bringe ich meine Stimme in Ordnung, mein zweiter Anlauf. Ich setze zur Begrüßung an, schon wieder piepst ein Handy. Die ersten Unmutsäußerungen im Saal, schließlich herrscht wieder Frieden.

»Guten Abend, verehr ... «, schwungvoll lege ich los, als erneut so eine Telefonzelle im Hosentaschenformat ihre nervtötende Gewalt demonstriert.

Das Licht geht an, der Bürgermeister kommt auf die Bühne und bittet freundlich: »Verehrtes Publikum, schalten sie doch ihre Handys aus ... «

Schon schrillt es wieder, diesmal aber klingt es verdächtig nah. Der Bürgermeister wühlt in seiner Anzugtasche und wird rot bis hinter die Ohren. »Kann ja mal passieren«, murmelt er vor sich hin und verschwindet betreten.

*

Ein anderes Mal betritt wieder ein Bürgermeister (um mich nicht in Titel und Rang zu irren, nenne ich alle Vereinsvorstände, Clubpräsidenten und anderen Verantwortlichen für die Durchführung der Diavorträge, nachfolgend Bürgermeister, man möge mir verzeihen) strahlend die Bühne: » Guten Abend, verehrtes Publikum, schön, daß sie so zahlreich gekommen sind. Es freut mich ganz besonders, heute abend einen berühmten Bergsteiger bei uns zu haben. Begrüßen sie mit mir unseren lieben Herrn Reinhold Messner, der uns ... «

Dröhnendes Lachen im Saal.

Der Bürgermeister: » Herr Messner kommt aus Südtirol ... «

Pfiffe, Zwischenrufe: » Kammerlander! «

Der Bürgermeister: » ... und wird uns Bilder zeigen ... «

Buhrufe: » Kammerlander, Hans! «

Der Bürgermeister rückt die Brille zurecht und sucht in den Zeilen seiner Rede: »Hm ja, Kammerlander. Verzeihung. Das Licht ist so schlecht ... «

*

Der Bürgermeister Nummer Drei stand neben mir auf der Bühne und begrüßte das Publikum: » ... zeigt uns Herr Kammerlander seine neueste Diaschau. «

» Er ist 56 Jahre alt «, sah mich von der Seite an, hielt inne und wiederholte, » er ist 56 Jahre alt und kommt aus Südtirol ... «

Nun gut, ich war gerade von der Everest-Expedition zurückgekehrt, sah vielleicht etwas ausgezehrt und mitgenommen aus, mir aber gleich 16 Jahre aufzubrummen, weil er mein Geburtsjahr und Alter verwechselt hatte, war nicht gerade die feine Art ...

*

Nach einem gut einstündigem Vortrag über meine damals 11 Achttausender und die erste Skiabfahrt vom Mount Everest schließe ich wie immer:

»... ich hoffe, mein Vortrag hat ihnen gefallen, und sollten Sie noch Fragen haben, stehe ich Ihnen gerne zur Verfügung.«

In der dritten Reihe meldet sich ein Herr: »Haben Sie schon mal den Himalaja bestiegen?«

Bei einem Empfang in meiner Heimatgemeinde kommt ein Politiker auf mich zu und streckt mir die Hand entgegen: »Endlich darf ich Sie persönlich kennenlernen, bisher kenne ich Sie nur von Fotos. Ich habe Sie mir allerdings viel größer und breiter vorgestellt. So wie Schwarzenegger. Braucht man zum Klettern denn nicht Muskeln?«

Auf dem Weg zu einem Diavortrag in der Nähe von Karlsruhe mache ich in München halt, um mit meiner Ausrüstungsfirma ein neues Projekt zu besprechen.

Als ich die Unterlagen aus dem Wagen holen will, wird mir schlagartig die leere Ecke im Kofferraum bewußt, wo normalerweise meine Tasche mit den Dias verstaut ist. Die Tasche habe ich zu Hause vergessen, schießt's mir durch den Kopf!

Im ersten Moment bin ich unfähig zu denken und zu handeln. Am Vorabend hatte ich die Tasche aus dem Wagen genommen, damit die Dias durch die Kälte nicht beschlagen, und sie direkt neben die Haustür gestellt, um sie ja nicht zu vergessen. Mir wird bewußt, daß es sich zeitlich nicht mehr ausgeht, noch »schnell« nach Hause zu fahren und die Sachen zu holen.

Ich rufe mein Büro an, da geht keiner mehr ran, rufe meinen Manager an, der hat sein Handy ausgeschaltet, rufe meine Frau an, dort läuft nur der Anrufbeantworter. Ich frage in Karlsruhe an, ob man die Vorführung auf den nächsten Tag verschieben könnte. Antwort: Ausgeschlossen! Der Abend ist erstens bereits restlos ausverkauft und zweitens die Halle für den nächsten Tag anderweitig reserviert.

Wieder rufe ich alle Telefonnummern durch von der Putzfrau bis zum Pfarrer (oder so ähnlich) – leider erfolglos!

Wie von aller Welt verlassen, komme ich mir vor. Mein Selbstmitleid ist so groß wie das Versprechen, daß mir so etwas nie wieder passieren wird, nur bitte, bitte ganz schnell raus aus diesem Schlamassel!

Bei meinen -zig Telefonanrufen erreiche ich schließlich einen Freund, der wiederum meine Frau erreicht, welche ihm die Tasche bringt. Der Freund läßt sofort seine Arbeit liegen und fährt mir entgegen.

Ich rase zurück Richtung Kufstein, Innsbruck, Brenner, irgendwo dazwischen treffen wir uns zur Übergabe. Nun ich wieder retour mit Tunnelblick, sehe keinen Tacho und keine Uhr mehr.

Völlig außer Atem betrete ich um Punkt 20 Uhr den Saal. Der Vortrag sollte nun eigentlich beginnen. Leinwand und Projektoren müssen erst noch aufgestellt und justiert werden – mit zittrigen, schweißkalten Händen ...

*

Einmal bemerkte ich in der Pause meiner Diaschau an der Kasse ein lautstarkes Getümmel. Mittendrin stand eine ältere Frau, die aufgeregt mit dem Gehstock fuchtelte und energisch ihr Eintrittsgeld zurückverlangte! Der Bürgermeister erklärte ihr, daß das nicht möglich sei.

Als ich die betagte Dame frage, warum sie denn das Geld zurückerstattet haben wolle, liest sie mir die Leviten:

» Weil das alles dummes Zeug ist, was hier gezeigt wird.« Bitter enttäuscht sei sie und verärgert. Sie habe in der Kirche die Ankündigung zur Diaschau gehört (wie es in ländlichen Gegenden oft üblich ist). Der Pfarrer selbst habe gesagt, daß ein interessanter Vortrag über fremde Länder und Kulturen gezeigt werde. Sie habe also geglaubt, es käme ein Missionar ...

*

Fragen nach dem Vortrag über die Achttausender. Eine rüstige Frau erhebt sich und will wissen: » Klettern Sie auch auf die Dolomiten?«

» Ja, sogar sehr gerne«, antworte ich und setze an, ausführlich zu erzählen, als mir die Frau ins Wort fällt: » Aber so richtig hoch auf die Berge, machen Sie das auch? So richtig klettern wie Luis Trenker?«

*

Nach meinem Diavortrag » Bergsüchtig«, in dem ich meine klassischen Alpenbesteigungen sowie die Expeditionen zu K2 und Kangchendzönga zeige, stellte ich mich den Fragen des Publikums. Ein kleiner Bub, etwa sieben Jahre alt, winkte ganz heftig mitten aus der Menge, stellte sich dann auf den Stuhl und rief mir zu:

» Warst du schon mal auf dem Brocken?« (höchster Berg im Harz, 1142 Meter)

Ich mußte verneinen.

» Ich aber schon!« strahlte der Knirps übers ganze Gesicht und man sah ihm an, daß er sich mir so richtig überlegen fühlte.

*

Es war die Zeit, als die Dias noch einzeln in Magazine gesteckt und eingereiht werden mußten, mühsam war zudem der Aufbau des restlichen Instrumentariums (die moderne DVD-Technik bringt in dieser Hinsicht gewaltige Vorteile). Wieder einmal hatte ich schon Stunden vorher die Leinwand montiert, Projektoren justiert und Magazine bereitgestellt. Anschließend ging ich mir noch etwas die Füße vertreten.

Als ich zurückkomme, steht ein Mann bei meinen Magazinen mit einem Stapel Dias in der Hand. Seelenruhig hält er eines nach dem anderen gegen das Licht und betrachtet sie. Ein Stoß Dias, die er offensichtlich schon angeschaut und einfach hingelegt hat, neigt sich gefährlich und fällt sogleich zu Boden.

Ich laufe hinüber, versuche zu retten, was noch zu retten ist, in diesem wilden Durcheinander. In wenigen Minuten soll mein Vortrag starten!

Hektisch kratze ich den Haufen Dias zusammen. Versuche noch irgendwie, irgendwo die ganze Bildfolge in die Magazine zu kriegen.

Es konnte nicht gelingen. Das Publikum zeigte zum Glück Verständnis.

Der Mann indes sah meinem aufgeregten Treiben die längste Zeit teilnahmslos zu und schlurfte dann gelangweilt und ohne Entschuldigung aus dem Saal hinaus.

Ich wenigstens lernte daraus, künftig die einzelnen Dias zu numerieren, so daß die genaue Bildfolge gewährleistet bleibt. Oft wird man halt erst durch Schaden klug.

*

Eine Zeitlang arbeitete ich mit drei Diaprojektoren in Überblendtechnik. Die Feineinstellung, bis ich alle drei Bildzentren genau im Fadenkreuz des Lichtpunktes ausgerichtet hatte, war umständlich.

Auf einem hohen Bühnentisch mit Klappfüßen hatte ich die Projektoren bereits montiert. Vom mühseligen Hochstrecken und Hinaufrecken taten mir die Zehen weh und die Arme kribbelten wie voller Ameisen. Eigentlich könnte man die ganze Angelegenheit doch auch von oben erledigen, wäre nicht so anstrengend, dachte ich mir, stieg also auf den Bühnentisch, und schon tat es einen Riesenkrach! Der Klappfuß war eingesackt, die drei Projektoren auf dem Boden in tausend Glas- und Plastiksplittern!

Nur der Unstern leuchtete grell, sonst leuchtete nichts mehr. Weil ähnliche Projektoren im Umkreis vieler Kilometer nicht zu bekommen waren, versuchte ich wie ein emsiger Heimwerker die Puzzleteile zusammenzustecken und zu kleben. Was hier noch heil war, setzte ich dort ein. Durch diese » technische Organspende « gelang es mir endlich, zwei Projektoren halbwegs funktionstüchtig hinzukriegen.

Doch leider konnte ich die programmierte Überblendtechnik nicht mehr beeinflussen und jedes dritte Bild war schwarz. Natürlich waren genau diese Dias die wichtigsten und interessantesten ...

*

Italienisch wird bei uns bereits ab der zweiten Klasse Grundschule gelehrt. Aber da ich zum Lernen sowieso selten Lust hatte und der Meinung war, Italienisch in meinem Leben nie zu brauchen, war das Ergebnis dementsprechend mangelhaft. Spätestens bei meinen Diavorträgen im italienischen Sprachraum bereute ich es bitter und mußte als Erwachsener Vokabeln nachpauken.

Bei der ersten Einladung zu einem Vortrag im oberitalienischen Raum war ich jedenfalls noch nicht recht redegewandt, und so bat ich Sigi, der plappert wie ein sizilianischer Obsthändler, er möge beim Vortrag simultan übersetzen.

Er war Feuer und Flamme und schon bald steigerte er sich voll hinein in die Bergabenteuer und erzählte mit einem derartigen Eifer, daß jeder geglaubt hätte, er persönlich habe die Gipfel bestiegen. Aus meinen trockenen Erklärungen machte er die spannendsten und gefährlichsten Geschichten, bis er zu einem Punkt kam, wo sein Temperament vollkommen mit ihm durchging: Ich erzählte von der Großen Zinne mit ihrer 500 Meter hohen Nordwand – bei Sigi wurden es 1500 Meter, bei einer Winterbesteigung hatte es 20 Minusgrade – bei Sigi wurden es minus 50 Grad und das Matterhorn wuchs auf stolze 6200 Meter.

Wenn ich auch nicht viel von seinem Palaver kapierte, die Zahlen verstand ich zumindest. Mit dem Ellbogen rammte ich Sigi in die Rippen und flüsterte ihm zu, er möge sich doch mäßigen, worauf er nur mehr leicht aufrundete.

Das Publikum aber war begeistert von Sigi, er hatte genau den Nerv getroffen: Das Blut muß wallen und das Herz hüpfen – Zahlen sind Italienern nicht so wichtig.

Unten und oben

Das Weihnachtsgeschenk

Weihnachten und Geburtstage waren für uns Kinder keine großen Ereignisse, zumindest was die Geschenke betrifft. Unsere Familie lebte auf einem kleinen Bergbauernhof und ernährte sich von dem, was der Hof hergab. Geld für Unsinnigkeiten, wie es Vater oft ausdrückte, gab es nicht. So freuten wir uns, wenn wir zu besonderen Anlässen Mutters gestrickte Socken oder Handschuhe geschenkt bekamen.

Einmal aber meinte es das Christkind besonders gut mit mir. Unter dem bunt geschmückten Fichtenbaum lag ein riesengroßes Paket, auf dem mein Name stand. Noch nie hatte es so eine Überraschung gegeben, und ich konnte es kaum erwarten, bis endlich das Vaterunser heruntergeleiert war und ich das himmlische Paket aufmachen durfte.

Erwartungsfroh zog ich an der roten Masche, der Inhalt schien sich zusehends aufzuplustern, und zum Vorschein kam – eine blitzblaue Windjacke ! Ich schlüpfte gleich hinein, sie war weich wie mein Kopfkissen, roch nach neu und ganz ungewohnt, und wenn man sich bewegte, quietschte sie so lustig. Etwas zu groß war sie mir schon, aber das war ich gewohnt, denn wir Kinder mußten in die Sachen hineinwachsen. (Wenn wir dann hineingewachsen waren, waren sie eh schon kaputt.) So eine feine Windjacke aber hatte kein Nachbarskind und auch nicht der Bub vom Wirt, so eine schöne besaß nur ich allein im ganzen Dorf!

Dreikönig war vorbei und die Schule ging wieder los. Über die ganzen Weihnachtsferien hatte ich die Windjacke nie ausgezogen und jetzt mußte ich sie natürlich meinen Klassenkameraden vorführen.

Die erste Schulstunde dauerte ewig. Nach der langen Ferienzeit war ich es nicht mehr gewohnt, so lange still herumzusitzen, außerdem war alles so langweilig. Was ich alles anstellte, weiß ich nicht mehr, vielleicht zog ich an den Zöpfen meiner Banknachbarin oder brach ihr den Bleistift ab, jedenfalls setzte es wieder einmal eine Strafe und ich durfte zur Pause nicht auf den Schulhof, sondern mußte im Klassenzimmer bleiben.

Ich lehnte am Fenster und sah den Kindern im Freien zu. Drüben am Ende das Hofes standen die Buben, es schien sich eine Rauferei anzubahnen und bald hatten sich zwei Fronten gebildet und die tollste Schneeballschlacht war eröffnet. Meine besten Freunde waren in der Minderheit und sie wurden ganz schlimm versohlt. Da mußte ich helfen! Ich öffnete das Fenster und sprang die anderthalb Meter hinunter in den Hof. Im selben Moment surrte es ganz fürchterlich und Federn flogen durch die Luft, als ob es schneien würde, und meine niegelnagelneue Windjacke war aufgeschlitzt über die ganze Länge des Rückens. Ich war an einem Nagel hängengeblieben. Wie die Aasgeier stürzten sich nun die Mädchen auf mich, rupften die restlichen Federn aus der Jacke und spielten ›Frau Holle‹. Welche Musik meine Mutter mir spielte, brauche ich wohl nicht zu erwähnen ...

Das Jausenbrot

Die ersten Jahre am Bau waren hart für mich. Nicht, was die Arbeit betrifft, sie war abwechslungsreich und im Team recht lustig, aber irgendwie doch nicht das Meine, und ich wußte, ich würde dabei nicht alt werden.

In der Rotte war ein Maurer, dem man sofort ansah, was der Hauptinhalt seines Lebens war. Es verging kaum eine Stunde, ohne daß er an irgend etwas kaute. Sein Umfang hatte ihm den Spitznamen »Sumo-Maurer« verschafft.

Einige junge Burschen und ich hatten natürlich oft alles andere im Kopf als die Arbeit und wir verzapften jeden Blödsinn, der uns gerade einfiel. Wie im Tierreich, so verhält es sich auch beim »edlen« Menschen in dem Sinne, daß es meistens den »Schwächsten« trifft, und so wurde der »Sumo-Maurer« immer wieder unser Opfer.

Eines Tages fand ich am Bau eine tote Maus und ich ersann nichts Besseres, als mich an den Jausenbeutel des Maurers heranzuschleichen. In einem Butterpapier eingewickelt, fand ich eine belegte Semmel mit Wurst und Käse. Die weiße, weiche Brotmasse der Semmel entfernte ich, höhlte die Semmel aus, legte die Maus hinein, Wurst und Käse drauf, klappte die Semmel zu, von außen sah alles original aus. Es dauerte nicht lange und der Maurer hatte wieder Hunger, holte sich den Jausenbeutel und nahm die Semmel heraus.

Vorsichtshalber verdrückte ich mich aus der Reichweite des Nimmersatts und beobachtete, wie er genüßlich in die Semmel biß, kaute und kaute, und den Bissen hinunterwürgte. Dann hielt er inne, irgendwie schien's ihm doch etwas ungewohnt zu schmecken. Er öffnete den Deckel der Semmel und sah die halbe Maus zwischen den Wurstscheiben, ihr Schwanz baumelte noch von der einen Hälfte herab. Der gemütliche Maurergeselle entwickelte plötzlich das Temperament eines spanischen Stiers, knallte dem Nächstbesten eine schallende Ohrfeige und zog ab.

Bald darauf kehrte er mit dem Firmenchef zurück. Der Chef, den wir eigentlich immer nur freundlich sahen, setzte eine ernste und grimmige Miene auf und hielt uns eine tüchtige Standpauke. Beim Weggehen zwinkerte er mir zu und lachte verschmitzt.

Imponiergehabe

Ein Kletterwochenende stand bevor, Erich war mit von der Partie und Paul hatte mich angerufen, ob es mir etwas ausmachen würde, wenn er seine Schwester mitbrächte, sie würde gerne klettern lernen. Von Herzen gern willigte ich ein, ich freute mich, endlich mal ein hübsches Mädel neben mir im Auto sitzen zu haben, und verfrachtete Erich und Paul gleich auf den Rücksitz.

Und flott ging die Fahrt Richtung Grödner-Joch, was genau wir dort machen wollten, wußten wir allerdings noch nicht. Ich erinnerte mich, in einer Wand einmal Kletterer gesehen zu haben, hatte aber keine Ahnung wie sie hieß, geschweige denn von deren Schwierigkeit, und schlug vor, die Tour zu versuchen. Paul meinte, ob wir nicht doch lieber zu den Sella-Türmen fahren sollten, für Anfänger wären dort ideale Routen. Dazu aber hatte ich erstens keine Lust, zweitens ist in der Sella immer viel los, und drittens wollte man ja dem Mädel was bieten und ihm zeigen, was man drauf hat.

Ich weiß heute nicht mehr, wo wir überhaupt gelandet waren. Jedenfalls war es ein Bruchhaufen von einem Berg, gefährlich wegen der lockeren Griffe und uralten Haken und ich selbst hatte im Vorstieg meine liebe Not weiterzukommen.

Das Mädel hatte verständlicherweise keine Chance, bald waren ihre Kräfte am Ende und ihre Moral ebenso. Ich zog vorne am Seil, Erich und Paul ließen sie auf die Schultern steigen, wie bei einer Räuberleiter, oder schoben sie von hinten wie einen Sack hinauf.

Seitdem wollte Pauls Schwester weder vom Klettern noch von den Bergen etwas wissen, und von mir schon gar nichts mehr.

Schneehüpfen ...

ist keine Disziplin der Olympischen Winterspiele, aber eine der verrücktesten Spielarten unserer Bergsteigerei in der Zeit, als wir weder Tod noch Teufel fürchteten. Am lustigsten war es, von einem Seitengrat des Wildgalls (3272 m) aus mit Werner, als einem von uns plötzlich die Schnapsidee kam, vom Felsgrat aus in den darunter liegenden Schnee zu hüpfen. Wir stachelten uns bei der Mutprobe gegenseitig an und versuchten immer höhere Absprünge vom Grat, Sprünge vom Zehn-Meter-Brett wären im Vergleich dazu harmlos gewesen.

Die Landungen im Schnee waren zwar relativ weich, durch die immer größere Absprunghöhe aber versanken wir regelrecht bis zum Hals im Schnee. Kaum hatten wir uns gegenseitig aus dem Schnee gewühlt, stürmten wir wieder hinauf auf den Grat. Als schließlich der Schneehang vollkommen zertrampelt und löchrig war, verloren wir die Freude daran und zogen ab.

Die Suche nach hüpfgerechten Gletschern und Graten wurde eine Zeitlang zur Sucht, der Berg an sich hatte keine Bedeutung mehr ...

Baumhüpfen ...

...war für uns Jugendliche eine veredelte Form des Fangmich-Spiels. Uns im offenen Gelände nachzurennen, war langweilig, und so durften wir uns – laut selbst gebasteltem Reglement – beim Spiel im nahen Wald nur von Baum zu Baum bewegen und nicht den Boden berühren.

Wie die Affen hüpften wir also im Geäst herum und versuchten uns gegenseitig zu erwischen. Ich war oft besonders mutig und kletterte bis in die höchsten Wipfel. Einmal trieb Richard das Ganze im wahrsten Sinne des Wortes auf die Spitze. Bei einer Verfolgungsjagd stieg er immer weiter Richtung Wipfel und ich hinterher wie ein Eichhörnchen. Je höher wir kamen, um so mehr fing der ganze Baum an zu schwingen, als aber der Stamm zu knarren begann, wurde mir doch mulmig und ich hielt inne. Richard sah, wie ich zurückblieb und wollte um so mehr seinen Mut beweisen. Immer höher stieg er hinauf, dorthin, wo die Äste immer dünner und kürzer wurden. Der Baum ächzte und knackte, und während ich Richard zurief, endlich aufzuhören, stieg ich vorsichtig nach unten. Er aber hockte in den höchsten Trieben und lachte mir zu.

»Angsthase« war alles, was ich noch von ihm hörte, dann tat es einen Höllenkrach und das oberste Baumdrittel samt Richard im Geäst rumpelte zu Boden. Einen halben Meter oberhalb meines Kopfes war der ganze Baumstamm abgebrochen, an der Stelle, wo vor Sekunden auch ich noch gehangen hatte.

Richard ging es eigentlich ganz gut, wegen der paar Kratzer, Abschürfungen und der Gehirnerschütterung wäre doch keiner von uns je in ein Krankenhaus gegangen. Auf die Baumwipfel allerdings auch nicht mehr.

Bellende Hunde ...

... beißen nicht, heißt ein Sprichwort. Aber weil sich nicht alle Hunde an Sprichwörter halten, machte einer davon eine Ausnahme und uns das Leben schwer. Er verteidigte seinen Hof samt zwei hübschen Mädels.

Richard und ich fingen gerade an, auf klimpernde Evablicke zu reagieren und zu spüren, daß es außer Baumhüpfen und Bergrennen auch noch andere hübsche Dinge im Leben gibt. Auf dem nahen Bauernhof sogar ganz besonders reizende. Nur fanden wir selten die Gelegenheit, unsere sehnsüchtigen Wünsche in die Tat umzusetzen, denn schon wenn wir uns der Umzäunung des Hofes nur näherten, bellte der Hund, fletschte die Zähne und ließ uns das Herz in die Hose rutschen.

Ich hatte mich mit dem hoffnungslosen Fall eigentlich schon abgefunden, wahrscheinlich war auch die Glut nicht feurig genug. Richard aber ging es um Liebe oder Tod. Beim nächsten Mal sprang Richard – allen Mut zusammennehmend – über den Zaun und der Hund ihm entgegen.

Ich verkroch mich hinter die Latten und hielt die Augen zu. Auf der anderen Seite der Umzäunung tobte und polterte es wie in einer Stierkampfarena. Plötzlich aber tat der Hund einen Winsler und es war Ruhe.

Richard rief mir zu, ich könne jetzt kommen und stolzierte mit zerrissener Hose der Haustüre zu. Eine kleine Rauferei habe es schon gegeben, bemerkte er nebenbei, dann aber habe er den Hund einfach zurückgebissen ...

Seit dem Tag suchte der Hund immer das Weite – und ich bald darauf ebenso, denn es gibt ja so viele hübsche Dinge im Leben ...

Wildschütz-Gschichtl

In unserer Sturm-und-Drang-Zeit war für uns Burschen natürlich auch das Wildern besonders interessant. Uns reizte eigentlich nur die Mutprobe, der verbotene Schuß und die Treffsicherheit, am wenigsten ging es uns um die Beute. Legal die Jagdprüfung zu machen, wäre für keinen von uns ein Problem gewesen, aber wie gesagt, darum ging es nicht, und im Grunde taten mir die Tiere leid. Unser übermütiger und unsinniger Spaß bestand allein darin, etwas Verbotenes zu tun. Großen Schaden haben wir dabei allerdings nicht angerichtet, denn zwischen Fehlschüssen und aus Ängstlichkeit nicht abgegebenen Schüssen kam das Wild eh die meiste Zeit mit dem Leben davon.

Besonders aufregend war natürlich das Pirschen in ortsfremden Revieren. Schon seit mehreren Tagen beobachtete ich ein Prachtexemplar von einem Rehbock. Meine Wildererfreunde würden bestimmt mächtig staunen, gelänge mir dieser »goldene« Schuß.

Die Schonzeit interessierte mich nicht, und so brach ich in

einer Neumondnacht von zu Hause auf, zur Tarnung in einer alten Joppe meines Vaters und natürlich ohne Stirnlampe. In der Finsternis stieg ich mehrere Stunden durch unwegsames Gelände zu jener Waldlichtung, wo der Bock im Morgengrauen wechselte, und hockte mich ins Gebüsch am Rande der Lichtung unweit der Stelle, die der Rehbock die letzten Male gequert hatte. Ich würde das Tier hier genau im Flankenbereich vor mir haben. Der Wind wehte günstig.

Nach einer Weile erschien das herrliche Tier, sein kraftvoller Wuchs und sein starkes Gehörn waren außergewöhnlich. Scheu guckte es aus dem Dickicht und schritt dann gemächlich die Lichtung entlang in die Nähe eines Bächleins. Diesmal aber änderte der Rehbock seine gewohnte Marschrichtung. Ich mußte also meine Position verlassen und mich etwas weiter nach rechts begeben, um den Sechsender besser in der Schußlinie zu haben.

Wie in Zeitlupe kroch ich vorsichtig durch das Gestrüpp, achtete auf jeden herumliegenden Zweig und Stein, um ja keinen Laut von mir zu geben und das Tier nicht zu warnen oder gar aufzuschrecken. Nach einigen Metern erreichte ich die beste Position. Ich nahm das Gewehr in den Anschlag, legte den Finger um den Abdruckhebel, zielte, wollte abdrücken – als ich ein Stück neben mir einen Ast knicken hörte. Entsetzt blickte ich in zwei weit geöffnete Augen und in ein rußverschmiertes Gesicht. Für Sekunden starrten wir uns an, machten uns dann jeder auf und davon wie ein Pfeil, in entgegengesetzte Richtung.

Ich erkannte den hochdekorierten Jäger und er mich. Jedenfalls war er keiner meiner Wildererkollegen und auf dieselbe illegale Weise auf den Bock aus wie ich. Für mich war dieses Zusammentreffen eine Lehre, und ich hab die Büchse für immer in die Ecke gestellt.

Ein Bekannter wußte von meinen Wilderer-Geschichten und lud uns nach einer Skitour zu seinem Schießstand ein. Auch unsere Frauen wollten aus Spaß mitmachen und ihre Treffsicherheit beweisen. Ich hatte ein ungutes Gefühl und baute schon mal vor, daß ich etwas müde wäre, weil ich doch den ganzen Tag als Gruppenerster durch batzigen Neuschnee gespurt hatte.

Meine Ausrede wurde nicht ernstgenommen, ja ich wurde sogar ausgelacht, und es ist leidvoll zu berichten, daß ich von den vielen Versuchen nur einen einzigen Treffer landete, und daß ausgerechnet meine Frau, die immer gegen die Schießerei war und noch nie ein Gewehr in der Hand gehabt hatte, fast immer ins Schwarze traf ...

Bergsteigerlatein

Mit zwei Freunden stehe ich an der Wirtshaustheke, wir reden über Gott und die Welt, bis meine Freunde mich auf eine Gruppe ein paar Schritte weiter aufmerksam machen. Mittendrin ein mir unbekannter Mann, der ständig meinen Namen nennt. Unauffällig lauschen wir dem Gespräch.

Der Unbekannte gibt an, die schwierigsten Dolomitenrouten gemeinsam mit mir geklettert zu sein, in Rekordzeit versteht sich. Wild gestikulierend und wie ein Marktschreier stellt er unsere Heldentaten dar. Bergsteigerlatein in seiner reinsten Form.

Seinen Leuten ringsum hängt die Kinnlade herunter, wortlos staunen sie über diese Extremleistungen. Immer lauter indes haut der mir unbekannte Möchtegern auf die Pauke.

Langsam wird es meinen Freunden doch zu bunt und, als der Angeber kurz Luft holt, rufen sie mir zu: »Hans, stimmt es wirklich, daß du all diese Spitzentouren mit dem da drüben geklettert bist?«

Mein Pseudoseilpartner steht da wie vom Blitz getroffen. Wie ein Hirsch im Aufblendlicht, dem Herzinfarkt nahe. Schaurige Stille im Saale.

Kartenspielereien

Wer um alles in der Welt hat das verflixte Kartenspiel erfunden? Es kann nur der Höllenfürst selbst gewesen sein! Eine schreckliche Sucht, der ich willensschwach verfalle und in die ich mich hemmungslos gleiten lasse. Die unsinnigste Form der Zeitverschwendung. Andererseits: Kann man wirklich zulassen, daß »Watten«, »Spiel bieten« oder »Guggilewatten« – die Urgesteine des tirolerischen Kartenspiels – ganz in Vergessenheit geraten?

Es war der Abend des 12. April, und Werners Glücksstern muß direkt über der Kasseler-Hochgallhütte geparkt haben. Nicht anders ist zu erklären, daß mir an jenem Abend kein einziger Stich gelang. Immer zog ich ein miserables Blatt und alle Tricks verpufften.

Nebenbei stänkerte der Hüttenwirt über meine Patzer, und ein Tourist an unserem Tisch störte meine Konzentration. Woher wir kämen, wohin wir wollten, wie der Weg zum Magerstein sei, ständig war er lästig. Zugegeben, gerade mitteilsam war ich nicht, vielleicht verzog er sich auch deshalb endlich ins Schlaflager. Die Pechsträhne aber klebte noch lange an mir, bis weit nach Mitternacht.

Wir legten eine kurze Pause beim Karten ein und machten die Hochgall-Nordwand, eine herrliche, steile Eiskletterei.

Wenige Stunden später betraten wir wieder die Schutzhütte. Meine Schaltzellen, aufgetankt mit frischem Sauerstoff, waren heiß auf Revanche.

Die meisten Spiele, brillante Spiele, gingen jetzt auf mein Konto. Werner ist ein Eistänzer in zweierlei Hinsicht: in den Eiswänden führt er traumhaft und ist ein souveräner Partner – beim Spiel führt er aufs Glatteis, ist ein Trickser und Zauberer. Hat man jedoch den Code seiner Bluffs geknackt, endet seine Strategie meistens in der Sackgasse und ebenso sein Glück im Spiel.

Mein Sieg beim Kartenspielen war der Triumph schlechthin, die Hochgall-Nordwand längst vergessen.

Am Lagerplatz in Urdukas, in der Nähe der formschönen Trango-Türme in Pakistan, wo wir am Weg zum K2 einige Tage verbrachten, wurde das Kartenspiel wieder einmal zur wichtigsten Nebensache der Welt.

Eigenartig, aber gelegentlich packt mich das Spielfieber dermaßen, daß ich gar nicht mehr aufhören kann. Wir spielen ja nie um Geld, manchmal um irgendwelchen Blödsinn, meistens allein des Spaßes wegen.

Hans M. hatte längst schon keine Lust mehr und schlief über seinen Karten fast ein.

»Wir machen jetzt endgültig die letzten 15 Spiele«, beharrte ich, »und wer verliert, muß durch den Baltoro-Eissee schwimmen.«

»Jaja, ist schon recht«, gähnte Hans.

Er wäre jede Wette eingegangen in der Hoffnung, ich würde endlich die Karterei beenden. Die bisherigen Wetteinsätze trieben bereits Blüten: Der Verlierer durfte erst als zweiter unter die nächste heiße Dusche, die wir erwischen, oder hatte beim Rückflug kein Anrecht auf den Fensterplatz oder mußte eine Pizza zahlen – und der Verlierer war immer Hans.

Am nahen Baltoro-Gletscher hatte sich ein wunderschöner, aquamarinblauer See gebildet, mit funkelnden Eisbergen und kreisenden Schollen. Ich bibberte schon bei dem Gedanken, wie Hans durch den Eissee schwimmen würde. Mein letzter Wetteinsatz, geboren aus der Glückssträhne names Übermut war grausam und lebensgefährlich, aber Hans hätte ja nicht zustimmen müssen.

Hans lehnte an der Zeltstange, immer wieder kippte sein Kopf nach vorne, mehr schlafend als wach spielte er um sein Leben. Seine Glücksfee aber schob ihm die höchsten Trümpfe zu und nach fünf Siegen in Folge wurde mir mulmig. Ich mußte nun alle Register ziehen, um das Spiel zu wenden, gab mir heimlich sieben Karten statt fünf, stibitzte aus dem Reststapel die besten heraus und schrieb mir Stiche gut, die eigentlich Hans gehörten. Den Stand von 7 : 7 erschummelte ich mit viel Tücke und List.

Dann das Entscheidungsspiel: Mein Gegenüber befand sich weiterhin im Halbkoma, ich gab die Karten aus und ließ auf Vorrat einige Asse im Ärmel verschwinden. Hans' Dämmerzustand erhellte sich bei Ansicht seines Blattes, ein Lächeln huschte über sein Gesicht. Genüßlich richtete er sich auf, war plötzlich hellwach und knallte sein Traumblatt auf den Tisch: »Gute Schwimmlage wünsch ich dir«, jauchzte er, »mußt nur schnell genug kraulen, damit du nicht einfrierst. Ach übrigens, beim Austricksen warst du auch schon mal besser.«

Wie eine Flutwelle stieg ein Schweißausbruch in mir hoch. »Ähem, ja«, meine Stimme zitterte, »leider müssen wir morgen früh weiter zum K2, es wird sich nicht mehr ganz ausgehen mit der Plantscherei. Aber auf dem Rückweg löse ich die Wette ein.«

Hans war einverstanden – und bis zum Rückweg, dachte ich, hätte er längst alles vergessen.

Die Wochen vergingen. Der Rückweg hatte etwas Gutes und etwas Schlechtes. Schlecht war, daß ich am K2 wieder scheiterte, es war bereits mein zweiter Versuch, und ich war bitter enttäuscht. Außerdem sprach Hans die ganze Zeit von nichts anderem als von meinem Bad im Eissee.

Liebes Schicksal, wie oft überraschst du mich mit Güte! Beschenkst mich so unverdient wie unerwartet. Unser Eissee war nicht mehr da! Wo vordem ein kleines Gletschermeer gelegen hatte, gähnte nur noch ein trockenes, schuttübersätes Loch.

Hans, ich weiß, Spielschulden sind Ehrenschulden, und ich werde meine Wette einlösen. Aber nur am Baltoro. Wann aber werden wir beide wieder dort sein?

Wie so oft ging ich nach dem Mittagessen einen Kaffee trinken zum Moosmair, dem Dorfgasthof, der direkt unterhalb meines Hauses liegt. Der Wirt war mit Freunden gerade mittendrin in einer heißen Wattpartie, ich setzte mich zu ihnen und folgte vergnügt dem spannenden Spiel.

Zwei Touristen betraten das Lokal und bestellten zwei Bier. Damit der Wirt nicht unterbrechen mußte, es ging gerade um Sieg oder Niederlage, holte ich hinter der Theke die Bierchen und brachte sie den Gästen. Der Mann bedankte sich und fragte mich:

»Junger Mann, wir sind hier hoch gefahren nach Ahornach, weil hier der berühmte Bergsteiger Kammerlander her sein soll, man sagte uns, er wohne direkt in der Nähe.«

»Ja, das stimmt«, lächelte ich, »er wohnt direkt nebenan.«

»Glauben Sie, man könnte ihn zu Gesicht bekommen, oder ist er immer sehr beschäftigt?« wollte die Frau wissen.

»Er ist selten zu Hause«, scherzte ich, »meistens ist er irgendwo in den Bergen unterwegs.«

»Dachte ich mir auch. Er hat einen schönen, aber sehr gefährlichen Beruf. Verzeihen Sie, Herr Ober«, sagte der Mann herablassend, »aber ihre Arbeit würde er bestimmt im Leben nie machen.«

»Bestimmt nicht«, antwortete ich und setzte mich zu den Kartenspielern.

HvG ...

... ist nicht etwa eine chemische Formel, nein, es ist die Abkürzung für Hubert von Goisern, einem der derzeit besten Musiker, für meinen Geschmack jedenfalls. Er vermischt Tradition und Seele eines Volkes mit zeitgenössischen Effekten zu jenem unvergleichlichen Sound, der dich von den Stühlen hebt. Ich habe einige seiner Titel auch zur Untermalung meiner Diavorträge gewählt, und wenn du eines seiner Lieder am Berg als Ohrwurm hast, zieht es dich von alleine hinauf.

Brigitte hörte eine Zeitlang überhaupt nur mehr seine CDs' und als Hubert am Kalterer See ein Live-Konzert gab, trommelte sie die geballte Fangemeinde zusammen, und mit vier Wagen fuhren wir gen Süden.

Das Konzert war großartig, unsere Mädels gerieten durch den Burschen am Mikro in hochgradige Ekstase, und Mike in vollkommene Verzückung durch die Alpine Sabine.

Nur gut, daß nach zwei Stunden der ganze Zauber vorbei war, sonst wäre die eine oder der andere noch total aus den Pantoffeln gekippt. Gleich beim letzten Ton beschlossen wir, die Heimfahrt anzutreten, um dem Stau zu entgehen. Die Fahrt war von Anfang an ein Horrortrip, ich hatte nämlich drei goisernsüchtige Mädels im Auto, die ihr Privatkonzert, Teil 2, in voller Lautstärke von sich gaben.

Beim Zwischenstop in einer Raststätte bestellte ich einen doppelten Espresso, um die Nerven zu beruhigen, oder besser, um die Nacht zu überstehen, wir hatten noch eine lange Fahrt vor uns und daß sie anstrengend werden würde, wußte ich. Ich wußte aber nicht, daß auch mein Wagen Durst hatte. Bald schon stotterte er, gab noch ein paar Hüpfer von sich und blieb mitten auf der Landstraße liegen, weit weg von jeglicher Zivilisation und in der Finsternis. Meine drei Mädels fanden es unwahrscheinlich lustig, stiegen aus, setzten sich an den Straßenrand und sangen fünfstimmig: »Mier sein so weit, weit weg vom Sprit«. (Ein Live-Mitschnitt dieser Fassung hätte bestimmt Platin eingespielt.)

Es war weit nach Mitternacht, und daß um diese Zeit kein Mensch mehr in dieser Wildnis unterwegs war, ahnte ich. Wir waren alle unabhängig voneinander gefahren, und das Handy lag daheim im Büro.

Verzweifelt wartete ich auf Rettung, die Mädels waren heiser und glückselig und erkannten gar nicht den Ernst der Lage. Endlich näherten sich aus weiter Ferne zwei Scheinwerfer. Ich stand winkend am Straßenrand und das Auto fuhr an mir vorbei. Dann aber machte es eine Vollbremsung, der Rückwärtsgang wurde eingelegt: Die rettenden Engel waren Monika und Udo, unsere Freunde aus Deutschland, die auch mit uns beim Konzert waren.

Ich hatte zufällig ein altes Seil im Wagen, und so schleppte uns Udo die 20 Kilometer zur nächsten Tankstelle.

50 Meter vor der Tankstelle riß das Seil und so schoben Udo und ich das Auto bis zur Zapfsäule, während die Mädels im Auto immer noch den »Juchitzer« von sich gaben. Die Aktion wurde von einer daherkommenden Polizeistreife überwacht, eingeschritten ist sie nicht, vielleicht war ihr der Haufen Verrückter doch zu unheimlich.

Endlich daheim, konnte ich mich ins Bett fallen lassen, aber nach zwei Stunden schrillte schon der Wecker. »Heast as net, wia die Zeit vergeht«, begrüßte mich meine Frau und schnalzte mir einen Kuss auf die Nase. Nein, nicht schon wieder HvG, und nicht schon wieder aufstehen, und nicht schon wieder zum Führen auf den Berg!

Willkommensgruß

So paradiesisch unsere Trekkingtour in Nepal gewesen war, so höllisch war die Heimreise. Durch Zwischenlandungen und Flugverspätungen fanden wir wenig Schlaf und landeten übermüdet am Flughafen in München. Noch drei Stunden Autofahrt, dann würden wir zu Hause sein, doch leider hatten wir uns zu früh gefreut, und die Fahrtzeit verdoppelte sich durch Nebel, Glatteis und Verkehrsstaus.

Vollkommen geschafft kamen wir mitten in der Nacht endlich zu Hause an. Als ich aufschloß, konnte ich die Tür nur einen schmalen Spaltbreit öffnen. Auf der gesamten Fläche des Dielenbodens standen Hunderte von Joghurtbechern, alle halbvoll mit Wasser gefüllt. Um überhaupt eintreten zu können, mußten Brigitte und ich jeden einzelnen Becher ausleeren, ein Eimer dafür stand vorsorglich bereit.

Nach einer Stunde endlich waren alle Joghurtbecher entsorgt und wir peilten schnurstracks unser Schlafzimmer an. Auf dem Bettgestell standen Stühle und ein Sonnenschirm, die Matratzen und Betten mußten wir erst suchen. Wir fanden sie schließlich in der Küche, die Klorollen waren im Kühlschrank, das Kochgeschirr auf dem Balkon, in der Badewanne stand die Schreibmaschine und das Bügelbrett auf dem Klo, die Stereoanlage war im Vorratsraum und der Föhn auf dem Dachboden, die Zahnbürsten lagen im Gefrierfach und meine Bergbücher im Backofen, der Staubsauger war im Kleiderschrank und das Telefon im Heizraum und so weiter. Zu guter Letzt stand auf dem Küchentisch ein riesiger Blumenstrauß und eine Sahnetorte mit dem Glückwunsch »Herzlich willkommen!«.

Die Freundinnen meiner Frau hatten wieder einmal ganze Arbeit geleistet und uns die Wohnung »aufgeräumt«.

Meine Verwünschungen im ersten Groll waren nicht jugendfrei und sollten besser nicht wiederholt werden. Womit ich mich aber »bedanken« wollte, war ein Gratisticket für die Mädels nach Sibirien – aber eines ohne Rückflug!

Training

Ich kenne jeden Stein von Ahornach bis Rein, die Steige auf dieser Strecke sind mein tägliches Trainingsfeld. Bergläufe machen mir Spaß, wenn Körper und Geist um die Wette rennen. Auch nach den Erfrierungen am Kangchendzönga begann ich mein Training hier mit Bergläufen, diesmal allerdings in Sandalen, an festes Schuhwerk war wegen der Schmerzen nicht zu denken.

Zur Kasseler-Hochgallhütte geht's sommers nur im Slalom, schnaufende Wanderameisen in karierten Hemden tragen dann ihre privaten Wettkämpfe aus. Überholende und Ausgepumpte bekriegen sich zwischen Ehrgeiz und Erschöpfung.

Am Weg zur Schutzhütte holte ich ein älteres Ehepaar ein. Erschreckt sprangen sie zur Seite, als ob der Leibhaftige daherkäme, sie hatten mich nicht kommen gehört.

Ich entschuldigte mich und unterhielt mich kurz mit dem freundlichen Paar. Voller Entsetzen betrachteten sie meine Sandalen und rieten mir, mit diesem Schuhwerk auf diesem gefährlichen Weg sofort umzukehren.

Ich hätte auch nie erwartet, einen so steinigen Steig anzutreffen, neckte ich die Touristen, wollte nämlich eigentlich die leichte Wanderung zur Knuttenalm machen, daß der Weg aber so steil sei, hätte ich mir nie vorgestellt.

»Mein liebes Jungchen«, meinte die Frau mit erhobenem Zeigefinger, »da sind sie ganz falsch, die Knuttenalm liegt im Nebental, hier geht's zur Kasseler Hütte. Und überhaupt ...«, immer noch mit großen Augen auf meine Teva-Sandalen starrend, »... dieser Weg wird noch wahnsinnig abschüssig und felsig – das schaffen Sie nie!«

Ich ließ den Hüttenwirt schon mal zwei Bier kalt stellen. Für die lieben Ratgeber, die es doch nur gut mit mir meinten ...

Eitelkeiten

Aussehen und Outfit sind mir ziemlich egal, manchmal zu egal sogar, meint meine Frau. Jedenfalls bin ich nicht eitel.

Allerdings – nicht, daß ich nicht zu meinem Alter stehen würde, aber lieber ist es mir, für ein paar Jährchen jünger gehalten zu werden. Mein Trost ist, viele »Leidensgenossen« zu haben.

Meine Freunde kennen diesen Schwachpunkt, und es ist für sie scheinbar besonders lustig, wenn mir jemand mehr Jahre zutraut, als ich auf dem Buckel habe.

Ich war gerade frisch von einer ziemlich anstrengenden Expedition zurück, und anstrengend sind oft auch die Wiedersehensfeiern daheim, besonders nach einem geglückten Achttausender. Anläßlich einer solchen Feier luden meine Freunde zum Abendessen in ein neu eröffnetes Lokal. Wir setzen uns an einen Tisch, eine Kellnerin kommt und bringt die Speisekarte, schaut in die Runde, stiert mich komisch an und verschwindet. Nach einem Weilchen kommt sie wieder und fragt, was wir essen möchten.

Als ich an der Reihe bin, hält sie inne: » Sagen Sie mal, sind Sie etwa der Herr Kammerlander ? «

» Ja schon, der bin ich «, antwortete ich und lächelte ihr zu.

» Also doch «, meint sie enttäuscht, » ich habe Sie mir ganz anders vorgestellt, viel größer , und – wenn ich ehrlich sein darf – auch viel jünger ... «

Ich lag mit Erfrierungen, die ich mir am Kangchendzönga zugezogen hatte, im Krankenhaus von Bruneck, verbrachte schwere Stunden zwischen Bangen und Hoffen, denn ich wußte nicht, ob meine Zehen noch zu retten waren. Die erste Zeit rannten mir die Journalisten die Türe ein, um Sensationen zu erhaschen, meine Freunde aber warteten den ärgsten Rummel erst einmal ab.

Sie kamen im richtigen Moment: Eine Krankenschwester, jung wie der Frühling war gerade dabei, ein EKG an mir vorzunehmen.

»Was machen Sie denn mit Hans?« fragten meine Freunde neugierig.

»Ein EKG«, antwortete die Krankenschwester gewissenhaft.

»Ein EKG?« ging's fragend durch die Runde.

»Ja, ein EKG«, wiederholte das herzerfrischende Fräulein ganz arglos, »wir machen das ganz routinemäßig – bei älteren Leuten ...«

Ich hatte am Abend einen sehr wichtigen Vortrag. Schon am Vormittag kamen Hartmann und ich in der Kongreßhalle an, bauten die Geräte auf und hatten den Nachmittag zur freien Verfügung. Wir schlenderten durchs Zentrum, als Hartmann mich von der Seite musterte und meinte, ob ich mich für den besonderen Abend nicht doch ein bißchen herrichten sollte. Er drückte sich sehr vorsichtig aus, ich wußte aber, was er meinte.

Zufällig kamen wir bald an einem Friseursalon vorbei und zufällig war der Laden auch leer (erst später wußte ich warum ...). Mit einem unfreundlichen »hey« begrüßte mich die Friseuse, es schien, als ob sie keine Lust auf Arbeit hatte. Ich bat, mir etwas die Haare zu schneiden, aber nicht zu kurz. Die Blondine (ich habe nichts gegen Blondinen, aber diese Friseuse war nun mal blond!) steckte eine Zigarette in den Mundwinkel und fing an, an meinen Haaren zu ziehen. Dann nahm sie so etwas wie eine Büroschere und begann zu schnippeln. Kaugummi kauend, rauchend und mißmutig schnitt sie an meiner Mähne herum. Ich sah bald, daß die Frau viel zu viel von meiner wertvollen Haarpracht wegschnitt, traute mich aber nicht etwas zu sagen, um sie nicht noch mehr zu nerven. Nach fünfminütiger und ziemlich systemloser Haaramputation war für die Blondine die Arbeit beendet, und ich durfte kräftig blechen.

Hartmann, der vor der Tür gewartet hatte, erkannte mich im ersten Moment gar nicht, dann bekam er riesengroße Augen und einen Lachkrampf. Wie ein gerupftes Huhn sähe ich aus, meinte er, so wie unter den Rasenmäher geraten.

Für den Rest des Tages war meine Laune im Keller. Ich stülpte den Sakkokragen hoch, zog den Kopf ein und hoffte, daß mich niemand erkennt. Für den Abend setzte ich eine Schirmmütze auf, und ich glaube, ich habe sie einen Monat nicht mehr vom Kopf genommen, nicht einmal im Bett.

Nach der Rückkehr vom Nanga Parbat verbrachten wir noch einige Tage in Islamabad. Diego war stolz über den gelungenen Achttausender, und um sein Hochgefühl auch äußerlich zu zeigen, suchte er bald den nächstbesten Friseurladen auf. Auch ich wollte mein überflüssiges Fell weghaben und begleitete ihn. Außerdem hatte ich mit Diego noch eine Rechnung offen ...

Im Laden befand sich kein Spiegel, und der Meister verstand nicht genau, was wir wollten, doch daß der Steinzeitlook weg mußte, dafür reichte es.

Diegos Gesichtsjuwel war sein Schnauzbart, und wenn er während der Expedition Mani- und Pediküre auch vernachlässigt hatte, so hatte er nie vergessen, seinen Schnauzbart zu drehen und die Enden fein säuberlich hochzuzwirbeln.

Der Friseur ging mit Eifer an sein Werk, schmierte Diego ein stinkendes Zeug aufs Gesicht und begann, ihn zu rasieren. Während Diego seine Verschönerung genoß, winkte ich heimlich dem Friseur zu, er solle auch das Allerheiligste, nämlich Diegos Schnauzer, wegrasieren. Diego lag entspannt im Sessel und als er endlich merkte, was mit ihm passierte, war es bereits zu spät. Er kriegte fast einen Herzinfarkt. Diesmal war ich entschieden zu weit gegangen. Für drei Tage sprach er kein Wort mehr mit mir.

Geburtstagsfeier

Ich hatte Geburtstag und meine Freunde wollten mir einen unvergeßlichen Abend schenken. In einem abgelegenen Berggasthof reservierten sie für alle Tische und bestellten mein Lieblingsgericht vor: Speckknödel mit Kraut.

Zuständig für die Organisation war Monika Gersemski.

Zur abgemachten Stunde waren Brigitte und ich die ersten am Berggasthof. Die Wirtin erschrak, als sie mich sah, und wurde furchtbar verlegen. Sie zupfte am Schürzenzipfel und jammerte:

»Jessas na, daß doch immer alles zusammen kommt! Grad heute, wo Sie, Herr Kammerlander uns besuchen, sind schon alle Tische reserviert.«

Das könne nicht möglich sein, erklärte ich, wir wollten meinen Geburtstag hier feiern.

»Tut mir leid, aber heut geht das nicht, weil heut kommt noch jemand, ganz große Prominenz, zu uns, ich trau mich's fast nicht zum Sagen«, und sie flüsterte geheimnisvoll und aufgeregt, »die Tische sind alle für die Monika Lewinsky bestellt.«

Was wirklich zählt

Das Glück ist das einzige,
was sich verdoppelt,
wenn man es teilt.
Albert Schweitzer

Nach einem Diavortrag meldete sich eine Frau aus dem Publikum. Der Vortrag habe ihr nicht schlecht gefallen, sagte sie, kritisierte aber mein soziales Engagement in Nepal. Kritik übrigens, die ich gewöhnt bin. Auch ich bin der Meinung, daß man kein Volk missionieren darf, ihm aber Bildung und Weiterbildung und damit die Möglichkeit zur Selbsthilfe ermöglichen sollte. Ich fragte die Frau, ob sie Nepal denn kenne. Sie bejahte und schwärmte dann von ihrer Reise, daß sie mit ihrem Freund drei Monate in Nepal unterwegs gewesen sei und die Menschen dort als sehr freundlich und zuvorkommend erlebt habe. Überall seien sie eingeladen worden und hätten in den Hütten der Einheimischen kostenlos übernachten dürfen.

Genau das ist der Punkt. Ich erlebe immer wieder Touristen, die sich in einem der ärmsten Länder der Welt auf Kosten der ganz Armen einladen lassen. Deshalb fragte ich die Frau: »Was ist nun besser: einem Volk helfen und Schulen bauen, oder ihm den Luxus der westlichen Zivilisation vorleben und auf Kosten der Ärmsten Urlaub machen?« Das Publikum klatschte.

Ich brauche diese Art Applaus nicht. Ich engagiere mich für das nepalesische Volk größtenteils ohne Unterstützung der Medien. Bei meinen Diavorträgen stelle ich einen Sammelkarton auf und bitte um Spenden. Daß meine Arbeit anerkannt wird, auch wenn sie im Stillen geschieht, das beweisen die stattlichen Summen, die ich am Ende meiner Vortragsreisen immer wieder in neue Projekte investieren kann.

Stellvertretend für alle Spender bedanke ich mich auf diesem Wege bei einem mir bis heute unbekannten Mann, der mir einmal ein Papiertaschentuch in die Hand drückte, mir zuflüsterte »Sie machen Ihre Sache gut« und dann in der Menge verschwand. Im Taschentuch waren 1000 Mark eingewickelt.

Für viele Projekte arbeite ich zusammen mit der Nepalhilfe Beilngries e.V., einer privaten Hilfsorganisation, die von vier Polizeibeamten aus Beilngries gegründet wurde, und ich bin glücklich darüber, was bis jetzt erreicht wurde. Karl Rebele (Kripo Regensburg) und seine Helfer haben mehrere 100 000 Euro an Spenden und tonnenweise Hilfsgüter für ein Krankenhaus, für Schulen und Waisenhäuser gesammelt. Der Grundsatz des Vereins ist die Unterstützung durch direkte, unbürokratische und persönliche Hilfe.

Projekte der Nepalhilfe sind beispielsweise

- Planung, Finanzierung und der Bau von fünf Dorfschulen in 18 Dörfern der Gemeinden Kadambas und Irkhu, in denen rund 1000 Kinder elementare Bildung erhalten. Der Schulbesuch ist unentgeltlich und die Kinder werden mit gespendeten Schreibmaterialien und in Nepal gekauften Schulbüchern und -heften unterstützt.
- Bau und Unterhalt eines Lehrerhauses im Dorf Kadambas. Hier finden Lehrkräfte eine geeignete Unterkunft mit Nutzgartenbereich zur Selbstversorgung. Die Energieversorgung erfolgt über Solarkraft, so daß wertvolle Brennmaterialien eingespart werden können.
- Trinkwasserprojekte in den Dörfern Lapse und Kadam-

bas. Quellfassungen, Verrohrungen und Wasserstellen in den Dörfern ermöglichen der Bevölkerung den Zugang zu sauberem Wasser und ersparen lange Tragewege.

- Grundstückskauf, Planung und Bau eines Kinderhauses in Lubhu für 30 Voll- und Sozialwaisen. Kauf und Bebauung eines nahegelegenen landwirtschaftlichen Grundstücks zur bestmöglichen Selbstversorgung des Kinderhauses (Gemüse, Obst, Kleintierhaltung).

Neben den eigenen Projekten unterstützen wir ein Berufsschulzentrum in Lubhu, eine Armenschule in Patan, eine Krankenstation und eine Schneidereischule in Lubhu, eine Armenapotheke in Kathmandu und ein Kinderkrankenhaus in Bhaktapur.

In Planung ist die Finanzierung weiterer Dorfschulen, Trinkwasserprojekte, Kleinstwasserkraftwerke, Nähwerkstätten und Rettungswagen.

Ganz privat unterstütze ich mehrere Sherpafamilien, im besonderen einen Freund und Familienvater, der im Rahmen einer chinesischen Expedition am Mount Everest einen Schlaganfall erlitt und seitdem halbseitig gelähmt ist.

Ich bin froh darüber, wieviel mit solchen Aktionen bis jetzt für das nepalesische Volk erreicht werden konnte. Endlich kann ich den Menschen dort einen Bruchteil von dem zurückgeben, was ich durch sie an Gastfreundschaft, Freundlichkeit und Güte empfangen habe.

Niemals hätte ich vor 40 Jahren gedacht, daß eine Schule jemals meinen Namen tragen würde. Damals als kleiner Bub hatte ich Wichtigeres zu tun, als hinter den Büchern zu hocken. Ich schwänzte oft die Schule und ging eines Tages heimlich und allein auf den Moosstock. Es war nicht nur mein erster Dreitausender, es war überhaupt der erste Berg in meinem Leben.

Namensliste

Brigitte Kammerlander, meine Frau
Diego Wellig, Bergführer und Expeditionspartner
Erich Seeber, Jugendfreund
Friedl Mutschlechner, Freund und Lehrmeister
Hans Mutschlechner, Freund und Expeditionspartner
Hanspeter Eisendle, Bergführer
Hartmann Seeber, Kameramann
Heindl Messner, Bergführer der Alpinschule Südtirol
Hubert Eder, Jugendfreund
Käthy Beikircher, Gast der Alpinschule Südtirol
Konrad Auer, Bergführer der Alpinschule Südtirol und Expeditionspartner
Kurt Walde, Bergführer
Lois Brugger, Bergführer und Expeditionspartner
Michl Aichner, Jugendfreund
Mike Kaiser, Freund und Bergpartner
Monika Gersemski, Gast der Alpinschule Südtirol
Paul Niederbrunner, Jugendfreund
Reinhold Messner, Lehrmeister und Expeditionspartner
Richard Volgger, Jugendfreund
Rosi Kaiser, Brigittes Freundin
Sepp Volgger, Jugendfreund
Sigi Pircher, Berater und Manager
Tham Bahadur, Freund aus Nepal
Udo Gersemski, Gast der Alpinschule Südtirol
Werner Beikircher, Jugendfreund und Bergführer
Wolfi Thomaseth, Kameramann

MALIK

Hans Kammerlander
Bergsüchtig

Unter Mitarbeit von Walther Lücker. 347 Seiten mit 141 Abbildungen, davon 85 in Farbe. Geb.

Hans Kammerlander, der hier von seinem spektakulären Alleingang auf den Mount Everest erzählt, ist einer der erfolgreichsten Extrembergsteiger der Welt. Er war der erste, der vom Nanga Parbat mit Skiern abfuhr. Und er ist noch immer der einzige Mensch, der die Skiabfahrt vom Everest gewagt hat. Wer ist dieser Mann, der kein Risiko scheut, der am Berg fast Übermenschliches leistet? Packend erzählt er von seinem Leben zwischen Fels und Eis, von dem Abenteuer und davon, warum er immer wieder seine eigenen Grenzen überwinden muß, um das Unmögliche möglich zu machen. Der Umgang mit dem Risiko, der Angst und dem Tod, der Unsinn des Achttausender-Tourismus, die Sucht nach dem Berg – Hans Kammerlander läßt die Leser miterleben, warum es ihn seit früher Jugend immer wieder in die steilsten Wände und auf die höchsten Gipfel treibt.

MALIK

Hans Kammerlander

Abstieg zum Erfolg

282 Seiten mit zahlreichen Farbfotos. Geb.

»Zum Gipfel gehört das Tal, zum Aufwärts das Abwärts, zum Ziel die Rückkehr«, sagt der weltberühmte und erfolgreiche Extrembergsteiger Hans Kammerlander. In diesem Buch erzählt er Geschichten von lebensgefährlichen Situationen, von Glück und Zufall, aber auch vom Scheitern und Aufgeben – denn die Eroberung des Gipfels allein ist nicht das Entscheidende. Er berichtet von seinen ersten Erfahrungen im Extremklettern, von den Überschreitungen der beiden Achttausender Gasherbrum I und II zusammen mit Reinhold Messner, von der Durchkletterung der Annapurna-Nordwestwand, von Begegnungen mit dem Tod in den Bergen. Ergänzt und bereichert werden seine packenden Darstellungen durch zahlreiche Fotos und durch Berichte und Erzählungen von Freunden und Weggefährten wie Reinhold Messner, Michl Dacher, Friedl Mutschlechner und dem Bruder Alois Kammerlander.

MALIK

Walter Bonatti

Meine größten Abenteuer

Reisen an die Grenzen der Welt. Aus dem Italienischen von Maurus Pacher. 422 Seiten mit 8 Seiten Farbbildteil und s/w-Karten. Geb.

1965 setzte der bekannte Bergsteiger Walter Bonatti mit der Winter-Erstbesteigung der Matterhorn-Nordwand seiner alpinistischen Karriere ein bewußtes Ende – und machte sich auf die Suche nach »einer Welt von unendlicher Weite«. Bonatti reiste in die kälteste bewohnte Gegend der Welt im äußersten Nordosten Sibiriens, oder auf den Spuren von Conan Doyle ins Herz des venezolanischen Hochlands. Er stieg in aktive Vulkane, tauchte mit Haien und Barrakudas, erlag am Kap Hoorn derselben Faszination wie die alten Seefahrer. 40 Tage lang folgte er auf Sumatra der Fährte eines großen Tigers und lernte seine Spuren zu lesen, in Regenwäldern und Wüsten lebte er mit den Ureinwohnern der letzten unberührten Gegenden. »Meine größten Abenteuer« ist das Tagebuch eines modernen Entdeckers, den es mit Hingabe über die Grenzen der bekannten Welt hinaustreibt.